나도 아침에 일찍 일어나고 싶다

나도 아침에 일찍 일어나고 싶다

가지무라 나오후미 지음

조은아 옮김

BOOK-AGIT
북-아지트

아침을 상쾌하게 시작하면 인생이 달라진다!

아침에 일어나면 머리가 멍하다, 눈을 떴다가 다시 잠들곤 한다, 밤중에 몇 번이고 잠을 깬다…….

아침에 일어나기 힘들다며 우리 클리닉을 찾는 사람들이 점점 많아지고 있다. 아침에 일어나는 것이 참을 수 없을 만큼 힘들다고 느끼는 현상은 신체 건강뿐만 아니라 사회생활, 인간관계, 미용에까지 영향을 미치는 아주 성가신 문제다. 하지만 이런 고민이 있는 사람들도 보통은 수면리듬을 바로잡으면 매일 상쾌하게 잠을 깨서 하루를 시작할 수 있다. 그러기 위한 간단하고 효과적인 방법을 이 책을 읽는 분들에게 소개한다.

이 책에서 소개하는 방법은 수면의학의 최신 지식에 근거한, 깊은 잠을 부르는 15가지 방법과 상쾌하게 일어나는 8가지 방법이다. 이를 실천하면 누구나 수면리듬을 바로잡고 아침을 상쾌하게 시작할 수 있다. 예를 들면, 잠들기 두 시간 전에 모든 조명을 한 단계 낮춘다거나 눈을 뜨자마자 뇌를 깨우는 음식을 먹는 간단한 습관 변화로 아침에 느끼는 괴로움을 극복할 수 있다.

이 방법을 실천할 때 지켜야 할 사항이 하나 있다. 취침 시간과 기상 시간을 일정하게 하는 것이다. 주말이면 정오가 될 때까지 늦잠을 자서 평일에 부족한 잠을 보충하려는 사람들이 많은데, 인간은 잠을 몰아서 잔다고 해서 활력을 충전할 수 없다. 수면 시간을 무리하게 늘리면 오히려 수면의 질이 나빠지고 수면리듬도 망가져 아침에 일어나기 힘든 상태가 계속될 뿐이다. 평일에도 주말에도 일정한 시간에 일어나는 습관이 상쾌하게 눈을 뜨기 위한 첫걸음이다.

이쯤에서 수면에 관한 여러분의 오해를 풀어보려 한다. 가장 큰 오해는 '아침에 일찍 일어나려면 일찍 자야만 한다'는 생각이다.

실제로 이 오해 때문에 많은 분들이 아침에 일찍 일어나지 못한다.

　　보통 밤 12시에 자는 사람이 10시에 잠자리에 든다고 해서 바로 잠들지 못한다. 원래 사람은 아침에 일어나서 햇빛을 쐬어야 생체시계의 전원이 켜진다. 자세한 원리는 본문에서 설명하겠지만, 일어나서 열네 시간이나 열다섯 시간이 지나야 잠을 부르는 수면 호르몬이 분비되기 시작하고, 그 한두 시간 후에 잠이 든다. 즉 밤에 잠이 오는 시간은 그 날 언제 일어났는지에 따라 정해진다.

　　불면증을 호소하는 사람들이 수면 시간을 늘리려고 평소보다 두 시간 이상 빨리 잠자리에 들기도 하지만, 기상 시간이 변하지 않는 한 보통 취침 시간에서 두 시간 전은 하루 중 가장 눈이 초롱초롱한 시간이다. 이불 속에서 몸부림치며 괴로워하지 않으려면 일찍 일어나기 위해 일찍 잠자리에 든다는 생각을 버리고 '깊이 잠들기 위해 우선 일찍 일어나자'고 다짐해야 한다.

물론 갑자기 아침 일찍 일어나는 것은 쉽지 않은 일이다. 그때는 이 책에서 제시하는 상쾌하게 일어나는 방법이 도움이 될 것이다. 내가 제시하는 모든 방법을 실천할 필요는 없다. 한두 가지 하기 쉬운 방법부터 시도하다 보면 분명 여러분의 몸 상태나 생활에 맞는 방법을 발견하게 될 것이다.

수면 습관이 변하고 아침을 상쾌하게 시작하면 하루의 충실도가 달라진다. 이 책이 여러분의 인생을 나아지게 하는 데 도움이 되길 진심으로 바란다.

의학박사 가지무라 나오후미

1장 아침에 일어나기가 이렇게 힘든 일이었어?

2장

아침이 힘든 사람들의 10가지 유형, 나는 어디에 속할까?

3장 아침이 힘든 이유, 마침내 알게 됐다

배우고 싶다,
아침이 상쾌한 사람들의 사소한 습관들

4장

5장 따라만 하면
내일부터 상쾌하게 일어날 수 있다

상쾌한 아침맞이의 첫걸음, 나의 수면 유형 진단하기

부록

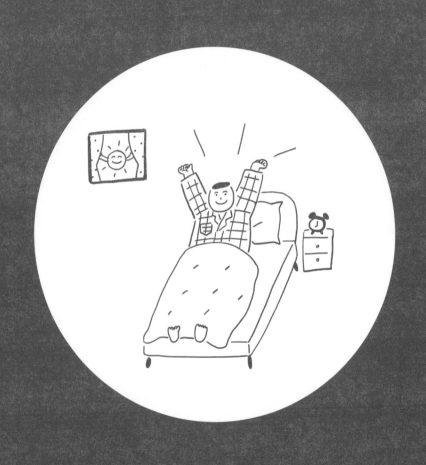

1장

아침에 일어나기가
이렇게 힘든 일이었어?

성공한 아침형 인간의
흔한 시간 관리법

전철 안에서 잠깐 졸았다가 눈을 떴는데 신기할 정도로 머리가 맑아진 경험이 있을 것이다. 매일 아침 그렇게 개운하게 일어난다면 얼마나 좋을까? 아침에 이부자리를 가볍게 박차고 일어나서 하루를 정말 기분 좋게 시작한다면?

여러분은 아마 아침에 눈은 떴는데 피곤이 풀리지 않아서 일어나기 힘들거나 머리가 멍해서 이불 밖으로 나오지 못하는 경험을 일상적으로 하는 분들이라고 생각한다. 당장이라도 일어나고 싶은

나도 아침에 일찍 일어나고 싶다

마음은 굴뚝같지만 몸이 좀처럼 말을 듣지 않는 경우 말이다.

이런 아침 풍경을 가리켜 '의지 문제'라고 치부하면 말하는 사람은 간단할는지 모르지만, 이는 잘못된 생각이다. 세상의 모든 일엔 옳은 방법과 그른 방법이 있듯이 잠이 들고 잠에서 깨는 방법에도 옳은 방법과 옳지 않은 방법이 있다. 아침에 힘들다고 느끼는 사람은 그저 어떤 방법이 옳은지를 몰라서 잘못된 방법으로 잠을 자고 일어나는 것뿐이다. 매일 아침 상쾌하게 눈을 뜨기 시작하고 기상 시간이 점점 빨라져 생기는 이점들을 느낀다면 하루하루가 좀 더 쾌적하고 충실해질 것이다.

아침을 지배하는 자가 하루를 지배한다는 말이 있다. 미국의 유능한 사업가가 아침 7시에 출근해서 오전 중에 처리해야 하는 업무를 단숨에 끝내고는 아침을 먹으며 회의를 한다는 이야기는 유명하다. 어째서 그렇게 아침 일찍부터 업무를 시작하는지 이상하다고 생각할지 모르지만, 일찍 일어나서 아침 시간을 유효하게 활용하는 데는 분명한 이유가 있다.

이른 아침은 뇌의 활동이 탁월하게 좋아서 세밀하게 살피거나 집중력을 필요로 하는 업무를 처리하기에 가장 적절한 시간이다.

뇌의 활동이 좋은 오전 시간에 까다로운 업무를 처리해두면 그 날의 업무를 처리하는 데 탄력이 붙는다. 이러한 골든타임을 지배하는 자가 하루를 지배한다는 말은 일리가 있는 셈이다.

성공한 아침형 사업가가 종종 화제가 되기도 한다. 일본 와타미주식회사의 와타나베 미키 사장도 그중 한 사람이다. 와타미는 설립된 지 약 20년 된 기업으로 외식산업을 중심으로 급성장했으며, 농업·복지·교육 등의 분야로 사업 영역을 확장해서 2007년에는 1조 원대에 달하는 매출을 기록한 기업이다(일본 《주간 다이아몬드》, 2007년 12월 10일자에서 발췌).

와타나베 사장의 하루는 아직 해가 뜨지 않은 새벽 4시 20분에 시작된다. 5시 10분에 집을 나서서 5시 40분에 도쿄 하네다공항 근처에 있는 회사에 도착한다. 제일 먼저 메일과 서류를 확인하고 회의를 준비한다. 7시에는 전국 매장의 점장 300명과 함께 영업 회의를 시작한다. 9시에 일반 사무를 처리하고 10시부터 다시 회의가 계속된다. 그리고 11시에 언론 취재를 두 건 마친 후, 12시에는 시식 겸 점심을 먹는다. 오후에는 해외연수 사원을 위한 강연, 그 후에는 이동해서 또 다른 강연, 다시 이동해서 불시에 매장 점검…… 온종일 빽빽한 일정을 마친 후 귀가하는 시간은 밤 11시. 다음 날 일정을 확인하고 필요한 준비를 마치고 나야 겨우 잠자리에 든다.

이렇게 더없이 바쁜 와타나베 사장의 시간 관리법을 정리하면 '미래의 목표를 세우고 모든 사안에 기한을 설정함으로써 시간에 쫓기지 않고 시간의 80퍼센트를 꿈을 이루는 데 사용한다'라고 말할 수 있다. 실제로 와타나베 사장이 책상에 앉아서 업무를 처리하는 시간은 회의를 시작하기 전인 아침 10시 이전에 불과하다. 아침 일찍 가뿐하게 일어나서 오전 시간을 효율적으로 사용하고 오후에는 다른 업무에 집중하는 셈이다.

자신은 절대 와타나베 사장처럼은 생활하지 못할 것이라고 일찌감치 포기하는 사람이 있을지 모른다. 그렇게 일찍 일어나지 못한다거나, 일찍 일어나려면 밤에 일찍 잠자리에 들어야 한다고 생각하는 사람도 많을 것이다. 그런데 무리하지 않고 아침에 느끼는 괴로움에서 벗어나 하루를 온전히 활용하는 방법이 있다면 어떨 것 같은가?

어디서부터
잘못된 걸까?

"아침에 일어나기 힘들어요. 선배들보다 먼저 출근해야 하는데, 대학 시절에 몸에 붙은 습관이 그대로 남아서 버겁네요."

"매일 밤늦게까지 공부하다가 새벽 2시가 지나서야 잠자리에 들어요. 입시학원에 가려면 정해진 시간에 일어나야 하는데, 아침에 알람이 울려도 깨지 못해요."

"매일 방과 후 특별활동을 하다 보니 집에 돌아오면 기진맥진이에요. 지각하고 싶지 않은데, 아침이면 깼다가 다시 잠들기를 반복하죠. 결국 시간이 닥쳐서 엄마가 깨워주시면 그제야 서둘러 집을 나섭니다."

"야근을 밥 먹듯 하다 보니 거의 매일 밤늦게 귀가합니다. 잠자리에 드는 시간은 새벽 1시예요. 매일 그런 생활이 반복되다 보니 이젠 자고 일어나도 피곤이 풀리지 않네요. 최근 이삼 년은 아침해를 본 적이 없어요."

"프리랜서로 일하면서 거의 집 안에서만 생활하고 있어요. 자는 시간도 늘 달라서 규칙적인 생활과는 거리가 멀지요. 아침이 온다는 생각을 하면 불안해서 잠도 푹 자지 못합니다."

"건강에 신경을 쓰는 편이어서 규칙적인 생활을 하려고 노력은 하지만, 아무리 잠자는 시간을 늘려도 아침에 눈 뜨기가 쉽지 않습니다."

아침에 일어나기가 힘들다고 고민하는 사람들의 이야기이다. 직업, 성별, 나이는 모두 다르지만, 아침에 일어나기 힘들고 잠에서 깨도 머리가 멍한 그 느낌을 어떻게든 떨쳐내고 싶어 하는 마음은 같다. 아마 여러분 중에도 공감하는 사람이 많을 터이다. 그래서 아침에 눈은 안 떠지는데 일어나야 할 때의 괴로움을 떨쳐내고 싶다는 바람을 이루어주고자 이 책을 집필했다.

우리 클리닉에는 아침에 일어나기 힘들어서 고민인 사람들이 끊임없이 찾아온다. 그런 사람들에게는 아침에 근처 공원에 나가보면 어떻겠느냐고 조언을 한다. 공원에 나가면 달리기를 하는 사람, 천천히 걷기를 즐기는 사람, 강아지를 데리고 산책을 하는 사람들과 만나게 된다. 물론 혼자만의 시간을 보낼 수도 있지만, 어떤 이들은 살짝 미소를 지은 채 가볍게 인사하며 지나가고, 안녕하시냐며 활기차게 말을 건네기도 한다. 그런 사람들을 보면 **'나도 저 사람들처럼 상쾌하게 하루하루를 살아가고 싶다'**고 바라게 될 터이다. 게다가 공원의 푸르른 풍경을 마주하면 왠지 마음이 가벼워지고 건강에도 도움이 된다. 아침 산책을 즐기게 되면서 아침에 일어나기가 점점 수월해졌다는 사람들도 있다.

하지만 이렇게 간단한 방법으로 아침에 힘들게 일어나는 것을 극복하는 사람들은 많지 않다. 밤에 좀처럼 잠이 오지 않는다거나, 밤중에 몇 번이고 잠을 깬다거나, 아무리 오래 자도 아침에 가뿐히 일어나지 못하고 피곤이 풀리지 않는다며 고민하는 이들이 더 많다. 정도의 차이도 있어서 자신은 어떠한 유형도 아닌데 그저 아침에 일어나는 것이 힘들다고 말하는 사람들도 많다.

　　원인이 무엇이든 잠을 설치는 날이 쌓이다 보면 아침에 일어나기 힘들어지고, 상태가 심각해지면 사회생활에 문제가 생기기도한다. 오전에는 머리가 맑지 않아서 업무나 공부에 능률이 오르지않고, 지각을 반복해서 선배들의 곱지 않은 눈총을 받고, 종일 피곤해서 어떤 의욕도 생기지 않는다.

　　아침에 힘들다, 그래서 잠에서 깨지 못한다, 그러다 보니 업무중이나 수업 중에 피곤하다, 이 때문에 스트레스가 쌓인다, 잠을설친다, 그래서 또 아침에 일어나기 힘들어진다…… 이 악순환은 자신에 대한 평가에까지 영향을 미친다. 시간관념이 없는 사람이나 대충대충 하는 사람으로 치부되거나 믿지 못할 사람, 책임감이 없는사람이라고 인식될지도 모른다. 게으른 사람이라고 낙인이라도 찍히면 큰일이다. 아침에 일어나기 힘든 것뿐인데, 어느 순간 중요한업무에서 배제되기라도 한다면 얼마나 억울하고 속상하겠는가. 책임이 큰 임무를 맡지 못한다면 성공은 꿈도 꾸지 못한다.

　　이 때문에 우울해진다면 더 큰 일이다. 제대로 된 규칙적인생활을 해야겠다고 다짐하지만, 아무리 노력해도 아침에 일어나는 것이 힘들다 보니 강한 자기혐오에 빠지기도 한다.

　　이처럼 아침에 힘들어하는 사람들이 느끼는 불편은 이루 말할 수 없다. 하지만 그 불편을 생각하며 스트레스에 빠지는 대신에 '아침이 힘들지 않다면……', '이른 아침에도 머리가 맑다면……'이라고 상상해보면 어떨까? 불편함이 컸던 만큼 일상생활이 좋아질 것이다. 아침에 느끼는 괴로움에서 벗어난다면 하루 스물네 시간 중 80퍼센트까지는 아니더라도 30퍼센트 정도는 자기 꿈을 이루기 위해 사용해 성공의 반열에 오를지도 모른다.

가뿐하게 눈을 뜨는 상쾌함을 맛보자!

아침에 일찍 일어났더니
일이 술술 풀렸다!

아침이 힘들다거나 머리가 멍한 상태에서 벗어나기 위해서는 어떻게 하면 좋을까?

인간은 원래 낮에 신체와 뇌를 온전히 사용해서, 밤에 깊은 잠을 자고 상쾌한 아침을 맞이하는 생활리듬을 갖고 있다. 다만 스트레스를 받거나 불규칙한 생활을 하면 이 리듬이 깨진다. 그 결과 네 명에서 다섯 명 중 한 명은 불면증을 호소한다는 조사 결과가 있을 정도이다.

수면 부족이 끼치는 영향은 생각보다 크다. 아침에 제 시간에 일어나지 못해서 지각하기 일쑤고, 가끔은 결근도 하게 된다. 낮에 쏟아지는 졸음을 이기지 못해 교통사고의 원인이 되기도 한다. 근무 중에 졸음에 시달리면 노동생산성이 크게 저하되는데, 이로 인한 경제손실이 연간 35조 원에 달한다고 한다(일본 《아사히신문》, 2007년 3월 21일, 아사히신문 주최, 〈제7회 더 나은 수면을 생각하는 모임〉).

최근 잠에 관한 고민을 호소하는 사람이 늘어나는 배경에는 문명의 발달이 있다. 예전에는 밤이 되면 주변이 컴컴했다. 그리고 원래 인간은 인체 시스템이 명령하는 대로 밤이 되어 어두워지면 잠이 들게 되어 있다. 하지만 우리는 문명의 힘으로 생활 속에서 어둠을 점점 몰아냈고, 지금은 밤이 되어도 휘황찬란하게 밝은 조명 아래에서 낮과 다름없이 활동을 계속한다. TV를 켜면 24시간 어떤 프로그램이든지 방송된다. 거리에 나서면 밤중에도 편의점 조명이 주변을 밝히고 가로등과 네온사인이 눈부실 정도로 밝다.

무엇보다 업무의 형태도 변했다. 고작 수십 년 전까지만 해도 근무시간이라고 하면 아침 9시에서 저녁 6시까지라고 생각했다. 저녁에는 일을 마치고 귀가해 좋은 사람들과 단란한 시간을 즐겼다.

하지만 지금은 야근이 당연해지고, 밤낮이 완전히 바뀐 근무체제로 일하는 사람이 늘었다. 그에 더해서 문명의 발달에 따라 사회구조와 인간관계가 복잡해지고 스트레스가 급속하게 증가한 점도 제대로 잠을 이루지 못하는 원인이 되었다.

아침에 힘들어하지 않고 일어나서 매일 활기차게 생활하는 것과 수면은 관계가 깊다. 사람이 활기차게 생활하기 위해서는 육체와 정신이 조화롭게 제 역할을 다 해야 한다. 예를 들어, 감기에 걸려서 열이 나고 기침을 하고 온몸이 아프다면 강한 불쾌감을 느낀다. 반대로 심각한 고민에 빠지다 보면 불안감이 점점 심해지다가 머리나 배가 아픈 육체적 증상으로 표출되기도 한다. 이는 육체와 정신의 균형이 무너졌기 때문에 나타나는 결과이다. 그렇다면 어떻게 해야 할까?

당연한 말이지만 가장 간단한 해결책은 잠을 푹 자는 것이다. 매일매일 잠을 푹 자야만, 육체와 정신의 균형이 바로잡히고 신체 기능이 정상적으로 유지된다. 그 결과 수면 습관이 바로잡히고 이를 통해 상쾌한 아침을 맞이할 수 있다.

실제로, 제대로 잠을 자고 아침을 활기차게 맞이했더니 사회

생활이나 인간관계에 커다란 변화가 생겼다는 사람들이 많다.

그중에서 회사원 A씨(36세)의 사례를 살펴보자. A씨는 며칠간 지각을 연달아 해서 상사에게 호되게 꾸지람을 들었다. 그 일을 계기로 한 시간 일찍 일어나서 정해진 시간보다 삼십 분 일찍 출근하기로 마음먹었다. 처음 몇 주는 괴로웠지만 곧 익숙해져서 한 달 후에는 업무 처리에 속도가 붙었다고 한다. 그리고 어느 날 후배에게 "요즘 표정도 밝고 즐거워 보이세요. 무슨 좋은 일이라도 있으셨어요?"라는 생각지 못한 말을 들었다.

A씨는 아침에 일찍 일어나면서부터 잠자리에 드는 시간도 빨라졌다고 한다. 자신이 모르는 사이에 수면의 질이 점점 좋아져서 육체와 정신의 균형이 바로잡혔다. 예전에는 동료들 사이에서 표정이나 분위기가 어둡다는 얘기를 자주 들었는데, 최근에는 부하직원이나 상사도 자주 말을 걸고, 중요한 업무도 맡게 되었다고 한다.

또 다른 회사원 B씨(50세)의 경우도 보자. 책임감이 강한 B씨는 팔 년쯤 전에 과장으로 승진한 후로 업무 스트레스 때문인지 잠자리에 들어도 좀처럼 잠을 이루지 못했다. 그 영향으로 아침에 일어나도 머리가 맑지 않고 오전 중에는 피곤함을 주체할 수 없었다.

고민 끝에 일주일간 휴가를 냈고, 그 기간 동안엔 오전 5시에 일어나서 아침 산책을 시작했다고 한다. 휴가가 끝난 후에도 습관처럼 산책을 했는데, 놀랍게도 일 년 후 부장으로 승진했다.

B씨는 "아침에 일찍 일어나 산책하면서 그 날의 업무 일정을 확인하거나 업무 내용을 되새겼는데, 효과가 있었던 듯합니다. 다소 어려운 업무도 어느 정도 문제없이 처리하게 되었고, 그런 성과를 인정받아 부장으로 승진했다고 생각합니다"라고 말했다.

이 책을 읽고 나면 우선 자신이 어떠한 수면 유형에 속하는지를 파악할 수 있다. 그리고 매일 밤 푹 잠들고 온몸의 피곤을 날려서 기분 좋은 아침을 맞이할 수 있는 비법도 알게 된다. 내가 수면 전문의로서 말하는 것은 오랜 기간 환자들을 살펴온 경험에서 깨달은, 상쾌한 아침을 맞이하는 비법이기 때문이다. 이 비법을 꾸준히 실천한다면 여러분도 1주 만에 아침이 달라진 기분을 느끼고, 3주만 꾸준히 실천하면 상쾌한 아침을 맞게 될 것이다.

아침 일찍 산책을 하면 신체는 물론 정신도 맑아진다.

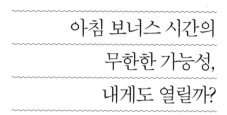

아침 보너스 시간의
무한한 가능성,
내게도 열릴까?

아침 일찍 일어난 덕분에 덤으로 생기는 시간은 마치 생각지도 못한 보너스와 같다. 그러한 아침 보너스 시간에는 무한한 가능성이 내포되어 있다. 여러분은 그 보너스 시간에 어떤 가능성을 키우고 싶은가?

파견사원인 C씨(28세)는 경력 향상을 위해서 아침 시간을 활용한다.

"파견사원에게 자격증은 강력한 무기입니다. 실무에 도움이 되는 자격증을 따고, 회사 입장에서 쓸모있는 사원으로 여겨지도록 자기계발을 하지 않으면 파견된 회사에서는 그런저런 일만 시킬 거예요."

그녀는 매일 아침 5시에 일어나서 두 시간씩 공부를 한다. 지금까지 딴 자격증은 열 가지가 넘고, 파견된 회사에서도 그녀를 믿고 일을 맡긴다. 정사원으로 채용하겠다는 제안도 받았지만, 비교적 자유로운 파견사원의 방식을 유지하고 싶어서 거절했다고 한다. 그녀는 일이 너무 재미있어서 오늘도 활기차게 일한다.

젊은 실업가인 D씨(38세)는 일 년 전에는 밤늦게까지 회의와 접대를 하느라 하루하루를 바쁘게 보냈다. 그러던 어느 날 부인이 고교 2년생인 딸의 일을 상의했다. 최근 딸의 귀가 시간이 늦어져서 혼을 냈는데, 시끄럽다며 소리치고 방에 들어가더니 전혀 나오지 않는다고 했다. 그동안 D씨는 부인에게만 자식 교육을 맡겨두었다. 크게 반성한 그는 가족과 같이 아침밥을 먹기 위해 아침 6시에 일어나기로 했다. 처음엔 같이 아침밥을 먹으면서도 아무 말도 건네지 않던 딸이 한 달쯤 지나자 학교에서 있었던 일이나 친구와의 일을 얘기하기 시작했다.

"이전처럼 생활했다면 어쩌면 우리 가정은 이미 무너졌을지도 몰라요. 지금은 나를 대하는 아내의 태도가 부드러워지고, 딸도 제법 제 앞에서 수다를 떨어요. 제대로 아침밥을 챙겨 먹으니 혈당치도 내려갔습니다."

실제로 **아침에 일찍 일어나서 부지런히 움직이면 자연스레 생활도 즐거워지고 경제적으로도 도움이 된다.** 성공하는 사람이나 부유한 사람 중에 아침형 인간이 많다는 사실에 저절로 고개를 끄덕이게 되는 것은 이미 그런 사람들을 많이 봐왔기 때문이리라.

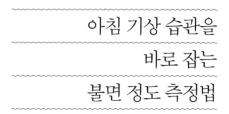

아침 기상 습관을
바로 잡는
불면 정도 측정법

    아침에 느끼는 괴로움에서 벗어나게 되면 하루의 시작이 바뀌고, 생활이 바뀌고, 업무 처리 방식이 바뀌고, 몸 상태가 바뀌고, 인생이 바뀐다.

    요즘은 '브렉퍼스트(breakfast) 미팅'이라고 해서 아침 식사를 하면서 회의를 하는 일이 많다. 평소보다 조금 일찍 출근하지만, 확실히 그 날 일정이나 사전 준비 등에 여유가 생기고 업무 처리가 순조롭다. 그뿐만 아니라 아침에 일찍 일어나서 하루를 시작하면 업무가 빨리 끝나서 보너스 시간이 생긴다. 그렇게 나의 노력으로 만들어진 보너스 시간에 운동이나 취미 활동을 즐길 수 있다. 그런 시간은 인생 자체를 지금 이상으로 충실하게 채워줄 것이다.

아침을 지배하는 자가 인생을 지배한다는 생각으로 아침 일찍 일어나는 습관을 들이면 앞으로의 인생을 좀 더 의미있게 보낼 수 있다. 그 때문에라도 우선 자신이 어떻게 잠을 이루는지 다시 살펴서, 깊은 잠을 자고 상쾌하게 일어나는 습관을 들이고 아침에 느끼는 괴로움에서 벗어나야 한다.

이쯤에서 수면의 질을 수치화한 불면 정도를 측정해서 요즘 잠을 푹 자는지 아닌지를 간단하게 확인해보자. 잘못 생각하기 쉬운데, 수면 시간이 길다고 해서 반드시 아침을 가뿐하게 맞이할 수 있는 건 아니다. 여덟 시간은 자야 한다는 말도 있지만, 세상에는 세 시간만 자고도 충분히 인생을 즐기는 사람들이 있고, 오래 자지 않으면 몸과 마음 모두 개운치 않은 사람들도 있다.

적정 수면 시간은 개인에 따라 다르다. 오래 잔다고 해서 꼭 좋지만은 않다. 오히려 늦게 일어나서 머리가 멍할 때도 있다. 짧게라도 푹 잠들고 다음 날 아침에 상쾌한 기분으로 눈을 뜰 수 있어야

나도 아침에 일찍 일어나고 싶다

질이 좋은 수면이라는 점을 기억하자. 반대로 여덟 시간이 아니라 그 이상 잠을 잤는데도 몸이 무겁고, 머리가 아프고, 출근도 하기 싫고, 학교 수업도 빠지고 싶어지는 등 기분이 가라앉는다면 질이 나쁜 수면을 잤다고 보면 된다.

이 책에서는 '아테네 불면 척도(Athens Insomnia Scale)'라는, 세계 공통으로 사용하는 판정법을 기준으로 불면 정도를 측정해보려 한다. 이는 세계보건기구(WHO)가 중심이 되어 설립한 '수면과 건강에 관한 세계 프로젝트'가 작성한 세계 표준 판정법으로, 여덟 개 질문에 대한 답의 값을 합산해서 객관적인 불면 정도를 측정한다.

여러분의 불면 정도는 어떨까? 효과적으로 아침 기상과 수면 습관을 개선하기 위해서라도 A부터 H까지의 질문에 답해보자. 네 개의 선택지 중에서 자신에게 해당하는 항목에 표시하면 된다.

아테네 불면 척도(AIS)

지난 한 달 동안, 적어도 주 3회 이상 경험한 항목에 표시하자.

A. 잠자리에 들어서 잠이 들 때까지 필요한 시간은?

　□ 언제나 누우면 바로 잠든다. ─ 0점

　□ 평소보다 조금 시간이 걸린다. ─ 1점

　□ 평소보다 꽤 시간이 걸린다. ─ 2점

　□ 좀처럼 잠들지 못한다. ─ 3점

B. 자다가 눈을 뜬 적은?

　□ 문제가 될 정도는 아니다. ─ 0점

　□ 조금 곤란한 정도이다. ─ 1점

　□ 굉장히 곤란할 정도로 많다. ─ 2점

　□ 심각한 상태인지, 좀처럼 잠들지 못한다. ─ 3점

C. 원하는 기상 시간보다 어느 정도 일찍 눈을 뜨는가?

　□ 그런 적은 없다. ─ 0점

　□ 조금 이르게 눈을 뜬다. ─ 1점

나도 아침에 일찍 일어나고 싶다

□ 꽤 이르게 눈을 뜬다. — 2점

□ 심하게 일찍 눈을 뜨고, 좀처럼 잠들지 못한다. — 3점

D. 총 수면 시간은?

□ 충분하다. — 0점

□ 조금 부족하다. — 1점

□ 꽤 부족하다. — 2점

□ 좀처럼 잠들지 못한다. — 3점

E. 전체적인 수면의 질은?

□ 만족한다. — 0점

□ 조금 불만스럽다. — 1점

□ 꽤 불만스럽다. — 2점

□ 좀처럼 잠들지 못한다. — 3점

F. 하루 중 기분은?

    □ 평소와 같다. — 0점

    □ 조금 우울하다. — 1점

    □ 꽤 우울하다. — 2점

    □ 굉장히 우울하다. — 3점

G. 하루 중 육체적 또는 정신적인 활동은?

    □ 평소와 같다. — 0점

    □ 조금 저하되었다. — 1점

    □ 꽤 저하되었다. — 2점

    □ 굉장히 저하되었다. — 3점

H. 낮에 얼마나 졸리다고 느끼는가?

    □ 전혀 졸리지 않다. — 0점

    □ 조금 졸리다. — 1점

나도 아침에 일찍 일어나고 싶다

□ 꽤 졸리다. ─ 2점

□ 심각하게 졸리다. ─ 3점

~~~~~~~~~~~~~~~~~~~~~~~~~~~~~~~~~~~

진단 ─ 당신의 수면의 질은?

A에서 H까지의 질문에 대답했다면 자신이 표시한 선택지의 끝에 쓰인

숫자를 더하자. 이 합계점수로 불면 정도를 알 수 있다.

◎ 4점 미만 : 수면의 질이 좋으니 수면장애를 걱정할 필요는 없다.

◎ 4~5점 : 불면증이 약간 의심된다.

◎ 6점 이상 : 불면증이 의심된다.

여러분의 합계점수는 어떠한가? 합계점수가 6점 이상이라면
전문의의 진찰을 받아야 할지도 모르지만, 그전에 이 책을 끝까지
읽기 바란다.

2장

아침이 힘든 사람들의
10가지 유형,
나는 어디에 속할까?

아침에 일어나기 힘든
사람들의 전형적인
10가지 유형

　　여러분도 그렇겠지만 아침에 상쾌하게 깨어나지 못해 괴로운 원인은 사람에 따라 제각각이다. 단순히 저혈압 때문에 아침에 일어나기 힘들다고 생각했는데 알고 보니 학교나 회사에서 생긴 복잡한 인간관계가 원인인 경우도 있고, 퇴직 후나 장래에 대한 불안감으로 현실에서 도망치고 싶어 생기는 우울증의 전조현상일 때도 있다. 아침에 상쾌하게 깨어나지 못하는 원인은 이렇듯 사람마다 상황에 따라 다르다.

나도 아침에 일찍 일어나고 싶다

수면 전문의의 관점에서 아침에 일어나기 힘들어하는 사람들의 유형을 이해하기 쉽게 열 가지로 분류해보았다.

1. 수면 부족형 : 어떤 이유든 수면 시간이 부족해서 아침에 일어나지 못하는 사람

2. 나쁜 생활습관형 : 오전 시간에 머리가 멍한 사람

3. 생체시계 고장형 : 수면리듬이 흐트러져서 좀처럼 잠들지 못하는 사람

4. 긴장형 : 밤중에 몇 번이고 눈이 떠지는 사람

5. 현실도피형 : 눈은 떴지만 이불 속에서 나오지 못하는 사람

6. 우울형 : 다시 이불 속으로 파고드는 사람

7. 질식형 : 수면 무호흡증이 있어 자고 일어나면 몸이 피곤한 사람

8. 지나치게 많이 자는 형 : 잠을 지나치게 많이 자서 일어나기 힘든 사람

9. 여성호르몬형 : 여성호르몬의 변화로 늦잠을 자는 사람

10. 낮에도 졸리는 형 : 낮에 갑자기 잠기운이 몰려오는 사람

여러분도 이 중에서 해당하는 사항이 하나쯤은 있지 않을까?

유형 1. 수면 부족형

어떤 이유든
수면 시간이 부족해서
아침에 못 일어나는 사람

상담사례

정보통신 기업에 근무하는 Y씨(27세)는 아침 일찍 7시에 소속부서 회의를 시작하고 나면 어느새 하루가 지나고 만다. 급여는 꽤 좋은 편이지만 그만큼 해야 하는 업무가 많고 매일같이 버스가 끊기기 직전까지 야근을 한다. 최근에도 아침 5시 30분에 간신히 일어나 6시에 집을 나서서 어떻게든 아침회의 시간에 늦지 않게끔 출근하고, 자정이 지나서 겨우 회사를 나와 새벽 2시에 잠자리에 드는 날이 한 달 이상 계속되

보니 결국 업무 시간에 졸음을 이기지 못해서 상사에게 심각하게 주의를 받았다.

아침에 일어나기 힘들고 피곤함도 가시질 않아 수면 무호흡증이 아닌가 하고 전문병원에서 검사를 받았지만 이상은 없었고, 의사는 수면 부족이라고 진단했다.

진단 및 조언 〰〰〰〰〰〰〰〰〰〰〰〰〰

수면 시간은 절약하거나 저축하지 못한다. 자기에게 맞는 적정 수면 시간을 확보하고 휴일에도 일정한 시간에 일어나자.

수면 부족 증후군의 전형적인 사례이다. 여하튼 Y씨는 자신에게 필요한 수면 시간보다 실제 수면 시간이 압도적으로 부족하다. 사람에 따라서 필요한 수면 시간은 제각각이라지만, 굉장한 단시간 수면자가 아닌 이상 아무리 체력이 좋은 사람이라도 매일 세 시간 반밖에 자지 못한다면 몸이 견디지 못한다.

수면 부족이 계속되면 저항력도 떨어지고 열이 나고 무기력해

지는 등 신체적인 증상도 나타난다. 게다가 우울해지면서 일에 집중하지 못하게 된다. 일만 하며 자신을 채찍질할 것이 아니라, 야근을 줄이고 수면 시간을 우선 확보해야 한다.

때에 따라서는, 각오하고 상사에게 업무량을 줄여달라고 요청할 필요가 있다. 부서 이동 등 불이익을 받아도 어쩔 수 없다고 스스로 마음을 다잡고 담대하게 행동해야 한다. 무엇보다도 건강이 인생에서 제일 중요하기 때문이다.

최근에는 이것도 하고 싶고 저것도 하고 싶다고 욕심을 부리다 잠자는 시간이 줄어들어 피곤을 느끼거나 몸 상태가 좋지 않은 사람이 늘었다. 취미 생활이나 즐거움을 위해서 극단적으로 자는 시간을 줄이는 것이다. 그런 사람들 중에는 평일 낮에 수면 부족을 느껴도 휴일에 길게 자두면 대체할 수 있다고 여기는 사람도 있다.

하지만 원래 잠은 나중에 보충하지 못한다. 마흔여덟 시간을 깨어 있다가 열두 시간 동안 계속해서 잠을 잔다고 해서 하루 여섯 시간씩 수면 시간을 확보한 것은 아니다. 오히려 그런 방식이 수면 리듬을 망가트리는 원인이 되기도 한다.

예를 들어 목요일, 금요일에 밤새워서 놀고 주말에 늦게까지 잠을 자면 오히려 일요일 밤에 잠을 설치다가 월요일 아침에 또다시 수면 부족 상태가 된다. 이렇게 되면 언제까지고 수면 부족 상태가 해소되지 않고 수면리듬은 점점 나빠진다.

일본 민화 중에 삼 년간 내리 잠만 자던 사람이 갑자기 일어나 가뭄에서 마을을 구했다는 얘기가 있는데, 이런 얘기는 꾸며낸 얘기에 불과할 뿐이다. 다시 말하는데, 인간은 잠을 보충할 수 없다. 수면 시간을 저축해두려고 하면, 반대로 뒤에 소개할 '유형 8. 지나치게 많이 자는 사람'이 된다. 수면 시간만 길 뿐 수면의 질이 나빠진다. 이러한 악순환이 반복되면 큰일이다.

휴일에 잠을 많이 잔다고 해서 수면 부족에 대해 대가를 치렀다거나 미리 저축한 것이 아니라는 사실을 명심하기 바란다. 휴일이라고 해도 필요 이상으로 잠을 자지 않고 가능한 평소와 같은 시간에 일어나야 한다.

일본 구루메대학의 정신신경학과 교수인 우치무라 나오히사의 조사에 따르면 휴일에 일어나는 시간과 평일에 일어나는 시간이 두 시간 이상 차이 나지 않는 사람이 불면을 자각하는 경우는 25.9퍼센트라고 한다. 그에 반해, 휴일에 평일보다 두세 시간 정도 더 자는 사람이 불면을 자각하는 경우는 29.4퍼센트, 세 시간 이상 더 자는 사람은 33.3퍼센트로 휴일 기상 시간과 평일 기상 시간의 차이가 클수록 잠을 못 이루는 사람이 많다. 그러니 질 좋은 잠을 자고 아침을 산뜻하게 시작하기 위해서는 스스로 기상 시간을 관리하는 강인한 정신력을 갖추어야 한다.

오전 시간에
머리가 멍한 사람

상담사례

T씨(38세)는 올해에, 그동안 염원하던 과장으로 승진했다. 승진했기에

의욕은 넘쳐난다. 하지만 주어진 책임감도 막중하고 지금까지 해온 것

이상으로 영업 성과를 올려야 한다는 부담감은 적지 않다.

최근에는 아침에 일어나면 몸이 찌뿌드드하니 피곤해서 괴로운 경험

을 자주 하고 있다. 이전처럼 일곱 시간을 자지만 가까스로 일어나고,

회사에 출근해서도 오전 시간 내내 머리가 맑지 않아 일이 손에 잡히지

않는다.

짐작하는 이유를 꼽자면 주요 거래처와 술을 마시는 일이 늘었다는 것

정도다. 접대를 해야만 하는 위치이기에 이전에는 일주일에 한두 번 정

도 술자리를 했다면 최근에는 매일 밤 가볍게라도 술을 마시고 있다.

진단 및 조언

술자리에서는 시간이 빠르게 흐른다. 가볍게 마실 생각이었는데 어느

순간 수면의 질을 낮출 정도의 양을 마시고 있지는 않은지 스스로 체크

하자.

T씨의 경우, 과도한 음주라는 나쁜 생활습관 때문에 수면의

질이 낮아졌다고 생각된다. 잠자기 전에 마시는 술은 쾌적한 수면을

방해한다.

적당한 음주는 잠을 부르는 효과가 분명 있다. 맥주 반 잔 정

도라면 잠이 드는 데 적당할지 모른다. 다만 어느 정도가 적당량인

지는 사람의 체질에 따라 굉장히 다르고, 그 날 몸 상태에 따라서도

좌우된다. 적당량을 넘기는 순간, 질 좋은 수면을 방해하는 원인이 된다는 점을 명심해두기 바란다.

그럼 술은 어떻게 수면을 방해할까?

우선, 술을 마시면 오랜 시간 동안 졸린 느낌이 지속된다. 그 이유는 알코올이 소화기관에서 먼저 흡수되고 그 일부가 뇌간 망양체부활계라는 부위에 영향을 미치기 때문이다. 즉 뇌간 망양체부활계가 뇌를 각성하는 역할을 하는데, 알코올이 그 활동을 억제하기 때문에 졸린 것이다.

술을 마시고 나서 졸립다면 술이 수면을 방해한다고 할 수는 없지 않느냐고 생각할지 모른다. 하지만 그렇지 않다. **술을 마시면 잠의 질이 달라지기 때문이다.** 알코올을 섭취하면 잠들기는 쉽지만, 알코올은 깊은 잠(비렘수면 3단계 및 4단계)의 유지 시간을 줄이는 작용을 한다. 더구나 알코올 섭취량이 늘어나면 꿈을 꾸는 얕은 잠(렘수면) 상태도 극단적으로 억제된다. 원래 수면은 렘수면이나 비렘수면 중에서 어느 한쪽만으로는 성립하지 않는다. 양쪽이 균형 있게 나타나야 질 좋은 수면을 이룰 수 있다. 음주는 그 균형을 무너트리고 수면의 질과 리듬을 바꾼다.

또 알코올의 이뇨작용으로 밤중에 화장실에 가거나 잠들어 있는 도중에 술이 깨면서 눈을 뜰 때도 있어 수면리듬이 망가진다.

술을 계속 마시다 보면 알코올에 내성이 생겨서 더 많은 양의 알코올을 섭취해야만 잠이 오는 상태가 될 우려도 있다. 내성이 쌓이면 음주량이 점점 늘어나고, 잠들지 못해서 다시 술을 마시게 되는 불면의 악순환이 시작될 뿐만 아니라 나중에는 알코올 의존증이 될 확률도 높아진다.

T씨의 경우, 승진한 이후로 주요 거래처와 술을 마시는 일이 잦아졌다. 매일 밤 가볍게 마신다고는 하지만, 사람이 술을 마시다 보면 그럴 생각이 아니었다고 해도 실제로는 꽤 많은 양을 마시게 된다. 우선 일주일에 이삼 일은 술을 전혀 입에 대지 않는 날로 정하는 건 어떨까? 그렇게 해서 질이 좋은 깊은 잠을 잔 후 좋은 잠을 부르는 생활리듬으로 되돌릴 필요가 있다.

음주 외에 **카페인이나 니코틴을 과도하게 섭취해도 수면의 질이 낮아진다.** 고령자 중에는 저녁 식사 후에 차를 마시지 않는 사람이 있는데, 이는 잠자기 전에 차를 마시면 잠이 얕아진다는 사실을 경험으로 깨달았기 때문이다.

나도 아침에 일찍 일어나고 싶다

늦게까지 회의를 하면서 커피를 몇 잔이고 마신 후에 좀처럼 잠을 자지 못해 곤란한 경험을 한 적도 많을 것이다. 또 사회적으로 금연이 당연시되어 좀처럼 밖에서 담배를 피우지 못하자 귀가 후에 집에서 줄담배를 피우게 된 사람도 많다. 이런 생활을 계속한 애연가 중에는 어째서인지 잠이 얕아졌다고 느끼는 사람도 있을 것이다.

참고로, 음주나 흡연을 오래 해서 불면증이 생긴 경우에는 이미 습관이 된 음주나 흡연이 불면증의 원인이라고 생각하지 못한다. 아무리 자도 피곤이 풀리지 않는다고 느낄 때는 생활습관을 우선 돌아볼 필요가 있다.

유형 3. 생체시계 고장형
수면리듬이 흐트러져서 좀처럼 잠들지 못하는 사람

상담사례

J씨(24세)는 갓 취직한 신입사원이다. 입사한 지 한 달이 지났지만 최근 연이은 지각으로 상사에게 크게 꾸중을 들었다. 이래서는 안 되겠다고 생각하고 밤 9시에 잠자리에 드는데, 언제나 그렇듯 좀처럼 잠들지 못했고 결국 다음날에도 지각을 했다.

학창 시절에는 밤새워 놀고 늦게까지 자도 문제가 안 되었지만, 회사는 오전 9시까지 출근을 해야 한다. 일어나서 출근 준비를 하고 현관을

나설 때까지 한 시간 반, 회사까지 가는 데 걸리는 시간이 약 사십 분이
니 여유롭게 출근하려면 6시 30분에는 일어나야 한다. 하지만 새벽녘
까지 잠들지 못하는 날이 계속되어서 알람이 울려도 듣지 못한 채 자다
가 지각하기 일쑤이니 어찌해야 할지 모르겠다.

진단 및 조언 〰〰〰〰〰〰〰〰〰〰〰〰〰〰〰〰〰

생체시계를 가볍게 생각한 대가는 반드시 돌아온다. 수면리듬을 바로
잡기 위해서 의사의 도움을 받는 것도 생각해보자.

자유로운 생활을 만끽하던 학생이 사회에 첫발을 내딛었을
때 종종 겪는 사례이다. J씨의 경우, 제일 먼저 고려할 만한 원인은
생체시계가 고장났을 가능성이다.

누구에게나 생체시계는 내재되어 있다. 그래서 **'밤에 일정한
시간이 되면 잠들고 아침에 일정한 시간이 되면 눈을 뜨는'** 생활을 익
숙하게 하는 것이다. 설사 밤을 새는 일이 있어 자고 일어나는 시간
이 다소 흐트러져도 며칠이 지나면 제대로 된 수면리듬으로 돌아오

기 마련이다.

하지만 J씨는 제대로 된 수면리듬으로 돌아오지 못하고 있다. 입사해서 한 달이 지났을 뿐이니, 그동안은 긴장도 하고 다소 무리를 해서라도 일어났겠지만 수면리듬이 망가진 상태가 지속되었기 때문에 체력적으로 한계를 느낀 뒤로는 일어나야 한다고 아무리 다짐해도 일어나지 못하게 된 듯하다.

J씨의 생체시계는 왜 망가졌을까? 아마 대학 시절에 밤새워 놀고 아침 늦게까지 잠을 잤기 때문이 아닐까? 오랜 시간에 걸쳐서 불규칙한 생활을 보내는 바람에 생체시계의 낮과 밤의 주기가 큰 폭으로 어긋나서 원래대로 돌아오지 못하는 것이다.

이처럼 생체시계가 망가져서 일어나야만 하는 시간에 일어나지 못하게 되었을 때 무리해서 일어나려고 하면 두통이나 식욕부진, 피로감을 느끼게 된다. 그렇게 되면 혼자 힘으로는 올바른 수면리듬으로 돌아오기가 점점 어려워진다. 더 늦기 전에 전문의를 찾아 올바른 지도와 치료를 받아야 한다.

생체시계 고장형은 크게 다음의 세 가지로 나뉜다.

1) 수면주기 지연 증후군

늦게 자고 늦게 일어나는 습관이 고착되어 고쳐지지 않는 상태다. 일반적으로는 밤샘작업을 하게 되면 그다음 날 이른 저녁부터 졸리기 마련이지만 수면주기 지연 증후군인 사람은 아무리 일찍 잠자리에 누워도 평소와 같은 시간이 되어야 잠이 든다. 그래서 새벽이 되어야 잠이 들어서 오후 늦게 또는 저녁에나 일어나는 생활을 반복하게 된다. 업무상 야근이 많은 사람, 작가와 같이 조용한 밤 시간에 작업하는 것을 선호하는 직업군에 이러한 사람들이 많다.

이와는 반대로 수면 시간이 극단적으로 빨라 오후 9시 전에는 잠들고 심야에 잠을 깨는 사람도 있는데, 이는 수면주기 전진 증후군이라고 불린다.

일반적으로 수면주기 지연 증후군은 젊은 사람들에게, 수면주기 전진 증후군은 나이가 든 사람들에게 많이 나타난다.

2) 비(非) 24시간 수면 - 각성 증후군

취침 시간과 기상 시간이 한두 시간씩 매일 늦어지는 상태이다. 이 때문에 어느 때는 제대로 밤에 잠들어서 아침에 일어나기도 하지만, 취침 시간과 기상 시간이 매일 달라지기 때문에 생활리듬이 일정하지 못하다.

3) 불규칙 수면 – 각성 양상

드물지만, 수면과 각성이 밤낮을 가리지 않고 불규칙적으로 나타나서 생활리듬이 완전히 망가진 상태이다.

나도 아침에 일찍 일어나고 싶다

유형 4. 긴장형

밤중에 몇 번이고
눈이 떠지는 사람

상담사례

E씨(31세)는 어느 기업 광고부 소속으로 3개월 전부터 사보 편집책임

을 맡고 있다. 지금까지 오 년 정도 광고 업무를 계속 해왔기에 충분히

잘해낼 수 있다고 자신했다. 하지만 두 달 전부터 잠자리에 들어도 좀

처럼 잠들지 못하고, 겨우 잠들어도 밤중에 몇 번씩 눈을 뜨는 일이 잦

아지고 있다.

업무상 원고 정리 등 집에서 업무를 처리하는 경우가 많고, 전체 일정

을 어떻게 조율해야 할지 신경을 쓰다 보니 항상 예민하다. 만일 의뢰한 원고가 약속일까지 도착하지 않으면 불안해서 잠도 못 잔다. 작가, 사진가 등 외부인을 만날 일도 많은데 피부까지 거칠어져 고민이 크다.

진단 및 조언

스트레스, 불안, 긴장은 깊은 잠을 방해하는 적이다. 집으로 업무를 가져오지 말고, 잠자기 전에는 업무에 대한 생각에서 벗어나자.

이 상담사례는 업무에 대한 강한 책임감이 스트레스가 되어 불면이 생긴 경우다.

신체를 제어하는 자율신경에는 교감신경과 부교감신경이 있다. 교감신경은 운동을 하거나 정신적으로 긴장했을 때 활동하는 신경으로 부신(콩팥위샘)에서 아드레날린을 분비시키고 혈관을 수축시키거나 심장박동을 증가시킨다.

한편 부교감신경은 잠잘 때나 휴식을 취할 때 활동하는 신경으로 아드레날린의 분비를 억제하고 혈관을 확장하고 심장박동을

나도 아침에 일찍 일어나고 싶다

제어한다. 예를 들어 아이들이 졸릴 때 손이 따뜻해지는 것은 교감신경에서 부교감신경 체제로 전환되기 때문이다. 즉 좋은 수면리듬을 얻기 위해서는 교감신경과 부교감신경이 자연스레 전환되어야 한다.

하지만 E씨처럼 업무 때문에 강한 스트레스를 받으면 교감신경과 부교감신경의 전환이 원활하게 이루어지지 않고 아드레날린이 계속 분비된다. 그 때문에 잠들려고 하면 할수록 눈이 또렷해지고 잠들지 못하는 상태가 된다.

작업 일정도 중요하지만, 그것만 생각하면 마음이 불안해져서 스트레스가 증가하는 E씨에게는 가끔 '나는 할 만큼 했어. 다음은 어떻게든 되겠지'라고 생각하는 대담함도 필요하다. 또 집으로 일거리를 가지고 오는 것 역시 그만두는 편이 좋다. 집에서 일하게 되면 아무래도 잠들기 직전까지 일을 놓지 못할 것이고, 이 때문에 뇌가 활성화된 상태로 잠자리에 든다. 뇌가 쉴 준비가 되지 않았으니 잠들지 못하는 것이 당연하다. **적어도 자려고 하는 시간보다 한 시간 일찍 일을 마무리하고 뇌를 안정시켜야 한다.** 그렇게 질 좋은 잠을 잘 수 있게끔 생활리듬을 돌려놓으면 거친 피부도 다시 좋아질 것이다.

유형 5. 현실도피형

눈은 떴지만
이불 속에서 나오지
못하는 사람

상담사례

H군(16세)은 어느 날 갑자기 아침이 되었는데도 일어나지 않고 학교도 가지 않으려 했다. 학교에서 안 좋은 일이 있었냐고 물어도 못 들은 체하거나, 속마음을 털어놓지 않았다. 다음 날 아침에도 이불에서 좀처럼 나오려고 하지 않았다. 부모가 어떻게든 학교에 보내려고 했지만 머리가 아프다거나 배가 아프다고 했다. 실제로 미열이 있었기 때문에 어쩔 수 없이 쉬게 했다. 학교를 가는 날에는 지각이나 조퇴를 반복했고,

수업도 따라가지 못해 학교 성적도 점점 떨어졌다. 요즘엔 그나마 가던 학원마저도 빠지고 집에서 꼼짝하지 않는다고 한다. 부모는 H군의 등교 거부 상태가 길어질까봐 노심초사하고 있다.

진단 및 조언 ～～～～～～～～～～～～～～～～～～～～

몸은 마음에 영향을 주고, 마음은 몸을 통해 드러난다. 아침에 항상 몸 상태가 나쁘다면 정신적인 원인을 의심해보자. 때로는 도망치는 것도 필요하다.

H군의 경우, 무언가 병에 걸렸을지도 모르니 우선 병원에서 진찰을 받는 편이 좋다. 하지만 신체적인 질병이 아니라면, 어떤 이유로 현실에서 도망쳐 이불 속으로 숨는지를 알아봐야 한다. 분명히 원인이 있을 것이다.

고려할 만한 사항으로 학교폭력 등을 포함해 학교 내에서 발생하는 스트레스를 꼽을 수 있다. 나를 괴롭히는 사람들이 있는 곳에 일부러 가려는 사람은 없다. 그곳에서 벗어나고 싶다는 생각이

이불 속으로 숨는 행동으로 나타났을지도 모른다.

스트레스를 제대로 처리하지 못하면 몸에 여러 가지 증상이 나타난다. 두통이나 복통을 호소하는 것도 어쩌면 병이 난 것이 아닐지도 모른다. 사람은 마음이 궁지에 몰리면 신체적 증상으로 나타나서 실제로 열이 나기도 한다.

최근의 학교폭력은 은밀하고 조직적이어서 주변에서 알아차리지 못하는 때가 많다. 폭력을 당하는 학생 역시 자존심 때문에 좀처럼 알리지 않는다. 그런 만큼 주변에서 충분히 관심을 기울여 학교폭력이 의심된다면 빨리 대처해야 한다.

이러한 현실도피형 행동은 아이들에게만 나타나지 않는다. 어른의 경우 회사에서 큰 실수를 한 뒤로 출근이 두렵다거나, 상사가 싫어서 얼굴도 보고 싶지 않다거나, 업무가 쌓여서 도저히 끝날 것 같지 않다는 이유로 아침에 이불 속에서 밍기적거리기도 한다. 이런 상황에서 마음의 부담을 털지 못한 채 무리해서 출근한다면 몸과 마음이 더욱 힘들어지고 우울증과 같은 적응 장애를 일으킬 위험성도 있다.

'현실도피'라는 말은 얼핏 들으면 부정적인 의미를 내포한 것

나도 아침에 일찍 일어나고 싶다

같지만, 별것 아닌 일 때문에 정신적으로 시달리다가 시작되기도 하는, 그렇게 특별한 일이 아니다. 때로는 **답답한 현실에서 도망치는 것도 필요하다**. 도저히 괴로워서 견디지 못하겠다면 잠시 그 상황에서 떨어져 있어보자. 그래도 해소되지 않으면 전문의의 상담을 받길 바란다.

유형 6. 우울형
다시 이불 속으로
파고드는 사람

상담사례

G씨(36세)의 상태가 이상하다고 부인이 느끼기 시작한 것은 한 달 전

월요일이다. 그전에는 알람이 울리면 혼자 일어났는데, 그 날은 쉬겠다

며 이부자리에서 나오지 않았다. 처음에는 정말로 피곤하나 보다 해서

가만히 지켜보았는데, G씨는 결국 그 주 내내 회사에 가지 않고 집에서

쉬었다. 그다음 주 월요일에는 겨우 회사에 나갔지만, 몸 상태가 좋지

않다며 조퇴하고 돌아와 그대로 이부자리를 펴고 누웠다. 일주일 동안

그런 날이 계속되었다.

지금은 휴가를 얻어 쉬고 있는데, G씨는 월요일이 되면 괜찮아질 것이라며 여전히 이불 속에서 꼼짝하지 않고 있다.

진단 및 조언 〰〰〰〰〰〰〰〰〰〰〰〰〰〰〰

아침에 느끼는 괴로움을 해소하려면 심리치료를 받는 방법도 있다. '겨울 월요일 아침'에 특히 괴롭다면 한 번쯤 진찰을 받아보자.

이 사례는 얼핏 현실도피형처럼 보이지만 우울증일 가능성도 있다. 사실 아침에 기분이 나쁘고 쉽게 일어나지 못하는 것은 대표적인 우울증의 증상이다. 우울증이 심하면 마음이 무겁고, 우울한 기분이 나아지지 않고, 외롭고, 쓸쓸하고, 머리에서 불안함이 사라지지 않고, 과거나 장래를 생각하면 기분이 가라앉는다. 때로는 자살을 꾀하는 일도 있어 주의가 필요하다.

우울증은 인간관계나 업무 고민 등 여러 가지 원인에서 시작되는데, 처음엔 그다지 특별한 질병이 아니다. 일생에서 한 번 우울

중에 걸리는 사람이 10퍼센트에서 20퍼센트 정도로 흔한 일이어서 '마음의 감기'라고 부르기도 한다. 중요한 것은 우울한 감정을 방치해 더 심각한 질병으로 만들지 않는 것이다. 휴식을 취하고 항우울제 등의 약물치료를 받으면 약 80퍼센트의 사람이 3개월에서 6개월 사이에 상태가 호전되니 빨리 병원에서 적절한 치료를 받아야 한다.

'계절성 우울증'을 들어보았을 것이다. 십여 년 전부터 알려지기 시작했는데, 매년 가을에서 겨울에 걸쳐 기분이 가라앉고 봄이나 여름이 되면 나아지는 우울증이다. 생체리듬의 구조가 불안정해서라는 지적이 있지만, 그 원인은 아직 확실하지 않다. 비교적 우울증의 증상이 가볍고 봄이 되면 회복되기에 그냥 참는 사람도 많은데, 아무래도 일상생활에 지장을 끼치니 빨리 치료받기를 바란다.

유형 7. 질식형

수면 무호흡증이 있어
자고 일어나면
몸이 피곤한 사람

상담사례

M씨(46세)는 젊었을 때부터 코골이가 심하다는 말을 들어왔다. 그런데 최근에 아내가 "이전보다 코 고는 소리가 커지고 횟수도 잦아진 것 같다"며 잠자는 중에 몇 번이고 숨을 멈춘다고 걱정을 해 다소 신경이 쓰였다. 게다가 충분히 잠을 자는데도 아침에 일어나기가 힘들고, 출근길에도 회의 중에도 도저히 졸음을 참지 못하는 때가 있다. 원래 살집이 있는 편이었지만, 마흔을 넘으면서는 허리둘레가 더 늘어나서 대사증

후군은 아닐지 걱정스럽다.

진단 및 조언 ～～～～～～～～～～～～～～～～～～～～～～～～

내가 자는 모습이 어떠한지 가족에게 물어보자. 수면 무호흡증을 그대로 내버려두면 심장 등에 부담이 갈 수 있으니 주의가 필요하다.

자다가 몇 번이고 숨을 쉬지 않는다는 부인의 걱정에서 추정되는 원인은 '수면 무호흡증'이다. **하룻밤**(약 7시간)**에 무호흡이 10초 이상씩 30회 이상 일어나거나, 무호흡이나 저호흡이 한 시간에 5회 이상 일어난다면 수면 무호흡증**으로 볼 수 있다.

간단히 말하면, 수면 무호흡증은 호흡이 멈춰서 질식 상태가 되는 증상이다. 숨이 멈추다 보니 몇 번이고 잠을 깨서 깊은 잠을 자지 못하고 잠의 질이 나빠진다. 그 영향으로 낮에는 집중력과 활력이 줄고 자주 졸게 된다. 업무 중이나 운전 중에 자기도 모르게 깜빡 졸다가 사고로 이어지는 일도 생긴다.

수면 무호흡증을 그대로 두면 부정맥, 고혈압, 심부전, 당뇨

병 등의 원인이 되어 돌연사를 초래하기도 한다. 일본 후생노동성 (우리나라 보건복지부에 해당하는 기관 — 옮긴이)의 보고에 따르면 수면 한 시간 동안 무호흡 상태가 20회 이상 나타나는 사람이 5년 후에 생존 할 확률은 84퍼센트, 즉 5년 후 사망할 확률이 16퍼센트라고 한다.

그렇다면 왜 잘 때 무호흡 증상이 나타날까? 그것은 자는 동 안 근육의 긴장이 풀어지면서 혀가 목 안쪽에 닿아 기도를 막기 때 문이다. 특히 비만으로 목이 짧은 사람이나 몸이 말라서 기도가 좁 은 사람, 턱이 작은 사람은 주의해야 한다.

코를 골거나 자는 모습을 가족들이 살펴봐준다면 조기에 수 면 무호흡증을 발견할 수 있다. 또한 자고 났는데 피곤하다거나, 머 리가 아프고 목이 건조한 자각증상이 있는 사람은 가능한 빨리 수면 외래가 있는 전문병원에서 진찰을 받는 편이 좋다.

유형 8. 지나치게 많이 자는 형
잠을 지나치게 많이 자서
일어나기 힘든 사람

상담사례

K씨(56세)는 오 년 전에 위암을 선고받았다. 다행히 조기에 발견되어 수술을 무사히 끝냈고 재발 징후도 전혀 없다. 하지만 위암 수술을 받은 후로 아침에 눈뜨기가 굉장히 힘들어져 상당히 신경 쓰인다.

수술을 받기 전의 평균 수면 시간은 여섯 시간 정도로 보통 수준이었다. 하지만 위암 진단을 받고부터 가능하면 무리하지 않으려 하고, 반드시 여덟 시간은 자려고 노력한다. 그런데 그렇게 신경 써서 관리하는

나도 아침에 일찍 일어나고 싶다

데도 아침에 피곤하고 오전 시간에는 정신이 멍하다. 치매가 시작되어서 아침에 눈뜨기 힘들어진 것이 아닐까 하고 혼자서 고민하고 있다.

진단 및 조언 〰〰〰〰〰〰〰〰〰〰〰〰〰〰〰〰〰〰〰〰

수면은 욕심내봤자 소용없다. 자기에게 맞는 적정 수면 시간을 파악해서 자신의 수면리듬을 망가트리지 않는 것이 중요하다.

오래 자면 잘수록 상쾌하게 일어날 수 있다고 생각하는 사람이 많은데, 이는 굉장한 오해다. **수면은 양보다 질이 중요**하며, 필요한 수면 시간보다 더 많이 자면 잠의 질이 나빠지고 눈을 떴을 때 머리가 멍하다. 앞에서도 언급했지만, 사람에 따라 적정 수면 시간은 다르다. 나이에 따라 다른데, 통상적으로 나이가 들수록 수면 시간이 짧아진다.

K씨는 위암 진단을 계기로 그전까지 여섯 시간이었던 수면 시간을 여덟 시간으로 늘리면서 수면리듬을 망가트린 듯하다. 우선 예전처럼 수면 시간을 여섯 시간으로 줄여보면 어떨까?

유형 9. 여성호르몬형
여성호르몬의 변화로
늦잠을 자는 사람

상담사례

N씨(25세)는 매달 생리를 시작하기 전의 며칠 동안 긴장감이 최고에 달한다. 아침에 일어나는 게 그 어떤 일보다 힘들기 때문이다. 책임감이 강한 N씨는 그 기간 동안 동료들에게 폐를 끼치지 않기 위해 업무도 미리 처리해두면서 이제껏 견뎌왔는데, 최근에는 그 증상이 더 심해져 고민이라고 했다.

"예민해지는 건 기본이고, 특히 졸려서 참을 수가 없어요. 어릴 때부터 그랬고, 체질이니 어쩔 수 없다고 생각했는데……. 나도 모르게 늦잠을 자고 회사에 지각하면서 깐깐한 선배 언니한테 잔소리를 듣는 일도 생기니 속이 많이 상해요."

생리 전의 몸의 변화에 대해 사실대로 얘기하면 선배 언니도 이해해주지 않을까 생각하면서도, 한편으로는 어리광부리지 말라거나 변명하지 말라는 꾸중을 들을 것도 같아서 점점 소심해지고 있다.

진단 및 조언

생리는 정기적으로 찾아온다. 예정일 즈음에 해야 할 업무는 미리 처리해두고, 마음의 여유를 가질 필요가 있다.

여성호르몬의 변화에 따라 수면리듬이 무너져서 낮에 졸리거나 밤에 잠을 못 이루는 여성들이 있다. 또 생리통 때문에 잠을 자지 못하거나, 출혈량이 많은 날에는 혹시라도 생리혈이 샐까봐 걱정되어서 푹 자지 못하는 사람도 많다. 이러한 고민 역시 편안한 잠을 방해하는 원인이 된다.

여성호르몬에는 '에스트로겐(난포호르몬)'과 '프로게스테론(황체호르몬)'이 있는데 이 두 가지 호르몬의 작용으로 여성의 신체리듬이 조절된다. 그중 프로게스테론은 잠을 촉진하는 작용을 해서 생리가 시작되면 잠기운이 강해진다. 또 임신하면 심하게 졸리다고 하는 사람이 많은 이유도 프로게스테론이 임신 중에 많이 분비되기 때문이다.

여성은 배란이나 임신, 출산 등 굉장히 중요한 역할을 하기에 프로게스테론의 영향으로 졸음이 쏟아지는 것은 어머니의 신체를 쉽게 하려는 자연의 섭리로 이해해야 한다. 참고로, 남성은 남성호르몬에 따라 수면에 영향을 받지 않는다.

임신 기간을 제외하고, 생리는 정기적으로 찾아온다. 그 시기에는 낮에도 가능한 여유롭게 지내고 무리하지 않도록 신경 쓰자.

N씨는 다행히 생리주기가 규칙적이다. 그렇다면 가능한 한 생리 기간에는 휴가를 쓰고, 회사 선배와 평소에도 몸 상태에 관해 얘기 나눌 필요가 있다. 같은 여성으로서 서로 이해하는 부분도 있을 테니, 쓸데없는 걱정이나 고집은 버리자.

유형 10. 낮에도 졸리는 형

낮에 갑자기 잠기운이
몰려오는 사람

상담사례

U씨(22세)는 대학 3학년생이다. 태어날 때부터 건강했지만 다만 한 가지, 갑자기 이유도 없이 잠이 드는 경우가 있어 걱정이다. 시험을 보는 도중에 잠이 들었다가 한 시간도 더 지나 잠이 깨서 백지 답안을 제출한 적도 있고, 전철을 탔다가 정신이 들고 보면 이미 순환선을 한 바퀴 돈 적도 있다. 여자 친구와 같이 놀이공원에 가서 식사하는 동안에 잠이 들어서 여자 친구가 흔들어 깨운 일도 있다. 그 여자 친구와는 결국

헤어졌다.

"매일 여덟 시간 이상 자는데 아침에 일어나기 힘들어 할 이유는 없겠지요."

겉으로 보기에는 건강해 보이지만, 사실 고민이 크다.

진단 및 조언

약물치료로 어느 정도는 수면을 제어할 수 있다. 부디 수면 전문의에게 상담을 받길 바란다.

U씨는 '특발성 과다수면증'이 의심된다. 특발성 과다수면증은 밤에 충분히 잠을 자더라도 낮에 졸음을 참지 못하고 한 시간이고 몇 시간이고 잠을 자는 병이다. 원인은 확실하지 않지만 10대에서 20대 전반에 발병하는 경우가 많다. 차를 운전하다가 잠들어버리기도 하고, 때에 따라서는 일어날 때 어지럽다거나 현기증, 두통, 실신 등의 증상이 나타나기도 하는 심각한 질병이다. 하지만 전문의의 치료를 받고 일상생활에서 주의를 기울여서 제대로 대처하면 충분

히 제어할 수 있다.

그 외에도 낮에 갑자기 졸리는 병으로는 기면증이 있다. 일본 작가인 아사다 테츠야도 기면증이 있었는데, 마작게임을 하다가 갑자기 잠들었다는 일화가 있다. 기면증은 영어로 '나르콜렙시(narcolepsy)'라고 하는데, 어원은 그리스 신화에서 잠을 의미하는 '나르코(narco)'와 발작을 의미하는 '렙시(lepsy)'이다. 병명대로 낮에 갑자기 잠이 들거나 사람들 앞에서 의식을 잃고 쓰러지는 증상이 나타난다. 낮에 갑자기 잠을 잔다는 의미에서는 특발성 과다수면증과 닮았지만, 특발성 과다수면증은 한 시간 이상 잠드는 경우가 많고 기면증은 십 분에서 이십 분 정도로 짧은 잠을 자는 것이 특징이다.

또한 강한 감정 변화가 있을 때 순간적으로 몸에 힘이 빠지고 털썩 주저앉는 '탈력발작'이라는 병도 있다. 이는 감정 변화가 방아쇠가 되어 뇌에서 내리는 지령이 운동기관과 근육에 도달하지 못하고 힘이 빠져버리기 때문에 일어난다. 다만 발작 시간이 짧아서 몇 초에서 몇 분 정도만 지나면 아무 일도 없었던 듯 회복된다. 어느 쪽이든 완치는 어렵지만, 낮에 잠드는 것은 약물치료로 어느 정도 제어할 수 있다. 역시 수면 장애 치료 전문의에게 상담을 받아야 한다.

이런 경우에는
전문의의 진찰과 치료가
필요하다

지금까지 아침에 좀처럼 일어나지 못하는 사람들의 수면 유형을 열 가지로 나누어서 설명했다. 자기 노력으로 개선되는 증상과 반드시 의사에게 진찰과 치료를 받아야 하는 증상이 있다는 점을 알아두기 바란다.

또 지금까지 설명한 수면 유형 외에도 몸과 마음에 어떤 질병이 있어 그것이 원인이 되어 편안히 잠을 이루지 못하고 아침에 일어날 때 힘들어하는 경우도 있다. 원래 어떤 병이 있는데 이로 인해

나도 아침에 일찍 일어나고 싶다

빈혈이 생겼다거나, 피부병으로 아프거나 가려워서 좀처럼 편안히 잠을 이루지 못해 만성 수면 부족이 되는 바람에 아침에 일어나기 힘든 유형 말이다. 또는 전립선 비대증이나 방광염 등의 병 때문에 빈뇨증이 생겨서 수면 부족이 되는 때도 있다. 이러한 경우에는 우선 원인이 되는 질병을 빠르게 발견해서 확실히 치료해야 한다.

기본적으로 사람의 몸은 편안하게 잠을 자고 아침이 되면 상쾌하게 일어나게끔 시스템화되어 있다. 아무리 애를 써도 아침에 일어나기가 괴롭다고 하는 사람은 생활습관과 건강 상태를 다시 확인해봐야 한다.

3장

아침이 힘든 이유, 마침내 알게 됐다

잠자는 시간은
뇌의 휴식 시간

    1장과 2장의 얘기를 종합하면 아침에 일찍 일어나면 푹 잘 수 있고, 푹 자야, 즉 질 좋은 수면을 취해야 아침에 원하는 시간에 일어날 수 있다는 것인데, 여기서 의문 하나가 떠오른다. 사람은 왜 잠을 잘까?

    갑자기 이런 질문을 받으면 당황스럽지만, 기분 좋게 깊이 잠을 자기 위해서 수면 메커니즘을 알아둘 필요는 있다. 현재 나의 뇌가 어떤 상태인지를 안다면 4장과 5장에서 소개할 방법들을 더욱 효

나도 아침에 일찍 일어나고 싶다

과적으로 실천할 수 있기 때문이다. 그런 점에서 이번 장에서는 매일 반복되는 수면 메커니즘에 대해 이해하기 쉽게 설명하고, 아침에 일어날 때 괴로운 이유도 의학과 과학에 근거해 함께 살펴보겠다. 더불어 피곤을 떨쳐내서 기분 좋게 눈을 뜨는 아침을 맞이할 지혜도 소개하겠다.

처음 했던 질문에 답하면, **사람은 온종일 활동하면서 피곤해진 뇌 기능이나 정신 상태를 회복하기 위해 잠을 잔다.**

우리에게 잠이 얼마나 중요한지를 아는 데 참고가 되는 실험이 있다. 인간을 비롯한 동물을 못 자게 한 후에 어떤 변화가 있는지를 조사한 실험이다. 예를 들면 실험용 쥐는 잠을 못 자게 했더니 처음 며칠은 음식 섭취량이 증가했다. 그러다 에너지 소비량이 증대해서 몸무게가 줄었다. 2주에서 4주 후에는 몸이 쇠약해지고 체온이 떨어져서 결국 죽음에 이르렀다.

그러면 사람은 어떠할까? 피험자가 잠드는지를 확인하기 위해서 뇌파를 관찰하며 실험을 했는데, 잠을 못 잔 지 이삼 일째 되는 날부터 각성 상태를 유지하지 못했다. 몸이나 입을 끊임없이 움직여야 겨우 깨어 있을 수 있었고, 잠을 자는 날이 늘어나자 '미세수면

(micro sleep)' 상태가 되었다. 미세수면이란 몇 초 되지 않는 짧은 시간이지만 본인도 깨닫지 못하는 사이에 눈을 뜬 채 잠을 자는 상태를 말한다. 그와 동시에 인지력과 주의력이 떨어지고 오인이나 착각, 초조 등 정신 상태의 변화도 일어났다.

즉 오랜 기간에 걸쳐서 잠을 자지 못하면 동물은 큰 스트레스를 받고 집중력이 떨어지고 신체 건강이 나빠지는 등 심각한 영향을 받는다. 수면이 그만큼 중요하다. 어느 정도 진화한 동물 중에 잠을 잘 필요가 없는 동물은 절대 없다고 말해도 될 정도이다. 특히 뇌는 동물이 활동하는 데 중요한 역할을 하기에 뇌를 쉬게 하고 재충전하려면 반드시 잠을 자야 한다.

뇌와 수면의 관계는 1929년에 뇌파가 발견된 이후에 활발히 연구되기 시작했다. 최근에는 MRI(자기공명 영상법), MRA(자기공명 혈관조영법), PET(양전자 단층촬영법)와 같은 최신 기술을 응용한 진단법이 발달하고 뇌와 수면에 관한 연구도 비약적으로 발전했다. 그 결과, 여전히 수수께끼가 많은 분야이기는 하지만, **수면이 호르몬의 미묘한 분비에도 관여해서 미용이나 건강에 큰 영향을 미치는 것은 물론, 깊이 잠을 자는 사람은 뇌의 움직임이 활발하고 긍정적인 사고방**

식으로 생활한다는 사실을 알게 되었다.

과학이 발달하면서 잠을 둘러싼 수수께끼가 풀려가고 있지만, 정작 우리 인간은 깊은 잠과 멀어지고 있다.

본디 수면 메커니즘은 생물이 진화하는 과정에서 오랜 시간에 걸쳐서 획득된 것이다. 예를 들면 어류, 양서류, 파충류와 같은 생물은 피곤할 때 몸을 쉬기만 해도 생존할 수 있다. 하지만 그보다 뇌가 발달한 포유류는 몸을 쉬게 하는 것 이상으로 뇌를 쉬게 해줄 필요가 있기에 복잡한 수면 메커니즘을 만들어냈다. 그리고 이 수면 메커니즘은 해가 뜨고 지는, 즉 규칙적으로 낮과 밤이 반복되는 자연 주기에 맞춰 움직인다.

하지만 인간은 조명기구를 발명해서, 원래대로라면 잠들어야 하는 밤에도 활발히 활동한다. 인공위성에서 지구를 촬영한 사진을 보면 대도시는 밤이 되어도 무수히 많은 별빛처럼 반짝일 정도다. 사람들의 활동 시간은 점점 늘어났고, 이러한 경향은 정보기술(IT)이 발달하면서 더욱 가속되어 이른바 밤낮 구분 없이 경제활동을 하게 되었다. 그러한 의미에서 낮에 활동하고 밤에 자는, 애초의 수면 메커니즘이 퇴화되고 있다고 해도 과언이 아니다.

그리고 인류 문명이 고도화함에 따라 사회구조도 인간관계도 복잡해졌다. 그 때문에 생겨난 스트레스가 우리의 몸과 마음을 좀먹고 질 좋은 수면을 앗아간다고도 생각된다.

이러한 이유들 때문에 도저히 깊은 잠을 이루지 못하는 사람들이 늘었다.

'아이는 잠자는 동안 자란다'는 말이 있는데, 수면은 그저 성장에만 영향을 미치지 않는다. 질 좋은 수면을 즐기는 사람이 성공하는 인생을 즐긴다.

개운함의 차원이 다른
잠의 품질

사람의 평균 수면 시간은 여섯 시간에서 여덟 시간이지만 말이나 소는 두세 시간밖에 자지 않는다. 반대로 사람보다 길게 자는 동물도 있는데 개는 열두 시간, 쥐나 고양이는 열세 시간에서 열네 시간, 나무늘보는 명성에 걸맞게 스무 시간 가깝게 잠을 잔다. 같은 포유류라도 수면 시간은 이렇듯 차이가 크다.

일반적으로 초식동물은 수면 시간이 짧고 육식동물의 수면 시간은 길다고 한다. 고기는 고단백, 고열량 식품이어서 육식동물은 한번 먹이를 먹고 나면 그다음 식사는 천천히 해도 되기 때문에 수면 시간이 길다고 한다.

그러면 초식동물은 어떨까? 풀은 열량이 낮아서 대량으로 먹어야 하다 보니 필연적으로 깨어 있는 시간이 길어지고 수면 시간이 짧다는 설이 있고, 육식동물에게서 자신을 보호하기 위해 끊임없이 경계태세를 갖춰야 하기에 얕은 잠을 짧게 잔다는 설도 있다.

참고로, **돌고래의 수면 시간은 0시간**이다. 그런데 엄밀히 따지면 돌고래도 잠을 잔다. 사람은 잠들면 뇌도 함께 휴식 상태에 들어가지만, 돌고래는 좌우의 대뇌가 번갈아가며 잠을 자는 '단일반구 수면' 상태에서 계속해서 움직인다. 물개나 거북이, 알바트로스와 같은 동물도 마찬가지로 헤엄을 치거나 날면서 잠을 잔다.

이러한 단일반구 수면을 하는 동물은 예외로 두고, 수면 시간에 차이가 있을 뿐 전혀 잠을 자지 않고 살아가는 동물은 없다. 앞서 언급한 대로 실험용 쥐를 재우지 않으면 2주에서 4주 후에는 전신 쇠약과 체온 저하 상태에 빠져 급기야 죽음에 이른다.

인간도 마찬가지다. 잠을 자지 않으면 생존하지 못한다. 수면 부족 상태가 계속되면 활동해야 하는 낮 시간에 계속 졸리고 집중력과 판단력이 떨어진다. 식욕 부진과 위장 장애, 무기력 등의 증상도 나타난다. 신경이 예민해져서 어떤 일에든 차분히 대응하지 못하고 의욕 저하, 정신 불안 상태가 된다. 더불어 면역 기능이 떨어져서 감기와 같은 질병에도 걸리기 쉬운 몸이 된다.

수면은 인간의 3대 욕구(식욕, 성욕, 수면욕)로 꼽힐 만큼 중요하다. 하지만 단순히 잠을 자는 것만으로 수면욕이 충족된다고 보기는 어렵다. 여러 번 반복해서 설명했듯이 수면에도 질이 좋은 수면과 질이 나쁜 수면이 있기 때문이다.

가장 대표적이 예가 필요 이상으로 잠을 자는 경우다. 잠을 많이 자면 왠지 피곤이 더 잘 풀리고 아침에 가뿐하게 일어날 것 같지만, 사실 **처음 서너 시간 정도만 깊은 잠을 잘 뿐** 그 이후에는 질이 나쁜 얕은 잠을 자게 된다. 그래서 일어났을 때 기분이 좋지 않고 몸도 피곤한 것이다.

그러한 원인도 모른 채 매일같이 너무 오래 자면 잠의 깊이는 전체적으로 얕아지고 중도 각성도 일어나서 수면 효율이 굉장히 낮아진다. 그 영향으로 수면과 각성의 구분이 사라지고, 아침에 일어나기 힘든 것은 물론 밤이 되어도 늦게까지 잠들지 못하고 낮에는 꾸벅꾸벅 졸게 된다. 그뿐이 아니다. 때로는 우울한 기분이 들고 의욕이 떨어지기도 한다.

업무가 쌓여 있는데 하고 싶은 일까지 겹치면 자기도 모르게 '왜 사람은 자야만 할까? 자는 시간을 줄이면 좀 더 여러 가지 일을 할 수 있겠다'라고 생각하기 쉽지만, 이는 처음부터 말이 안 되는 생각이다. 어떻게 해서든 질이 좋은 잠을 자야만 아침을 상쾌하게 시작해 하루하루 생활을 충실하게 하고 능력을 최대한 발휘하게 된다.

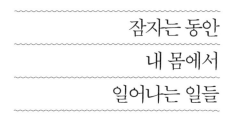

잠자는 동안
내 몸에서
일어나는 일들

　　좀 더 이야기를 진행하기 전에 수면의 구조에 대해서 간단히 정리해보자.

　　수면은 '렘수면'과 '비(非)렘수면', 두 가지 형태로 나뉜다. 렘(REM)이란 'Rapid Eye Movement'의 약자로, 자고 있음에도 빠른 안구 운동, 깨어 있을 때와 같은 형태의 뇌파가 나타나는 얕은 수면 상태를 말한다. 한편 비렘수면(Non-Rapid Eye Movement)에서는 그러한 안구운동은 나타나지 않는다. 비렘수면은 뇌파의 변화에 따라 네 단계로 나뉘고, 그중 3단계와 4단계는 '서파수면'이라는 깊은 잠을 자는 숙면 상태이다.

인간의 수면은 비렘수면에서 시작되어 렘수면이 나타나는데, 그 두 가지가 합쳐져서 약 90분 주기가 되고, 그 주기가 하룻밤에 3회에서 5회 정도 반복된다. 서파수면은 2주기에서 3주기까지만 출현하고, 그 후에는 거의 얕은 잠만 계속되다가 천천히 렘수면의 비율이 늘어나 결국에 눈을 뜨게 된다.

비렘수면 중에는 근육이 비교적 긴장 상태를 유지하고 맥박, 호흡, 혈압 등의 자율신경 기능은 안정되어 숨소리도 편하고 숙면하는 모습이 관찰된다. 그때 뇌(대뇌피질)는 활동을 줄이고 휴식 상태에 들어선다. 대뇌의 활동량이 적을수록 깊은 잠이 들었다고 보는데, 비렘수면이 절정일 때는 소음이 있어도 눈을 뜨지 않을 정도로 뇌가 쉬는 상태이다. 특히 서파수면은 대뇌 휴식에 깊이 관계할 뿐만 아니라 조직의 회복이나 면역 기능을 높이는 데에도 큰 역할을 한다.

반면에 렘수면 중에는 근육의 긴장이 거의 풀어져서 온몸이 축 늘어진 상태가 된다. 대신에 뇌는 활발하게 활동해서 교감신경은 긴장 상태가 되고 맥박, 호흡, 혈압 등의 자율신경 기능은 불규칙적

나도 아침에 일찍 일어나고 싶다

으로 변해서 '자율신경계의 태풍'이라고 불리는 상태가 된다. 렘수면 상태일 때 대뇌는 꽤 활발하게 활동하고 그 절정 단계에서 80퍼센트 이상의 사람들이 꿈을 꾼다고 한다.

참고로, 갓난아기는 하루 수면 시간의 50퍼센트를 렘수면에 할애하고, **성장하면서 렘수면 시간은 줄어들어** 성인이 되면 수면 시간의 20퍼센트 정도만이 렘수면 상태라고 한다. 아마도 이러한 이유로 렘수면이 두뇌 발달에 중요한 역할을 하고, '아이는 잠자는 동안 자란다'는 말이 생긴 듯하다. 자는 동안에도 뇌와 신체 모두 쉬지 않는다.

▣ 성인의 수면 상태

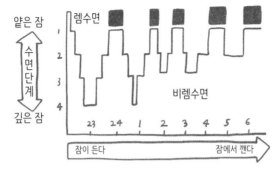

최초의 2~3주기까지 비렘수면(깊은 잠)이 나타난다.
그 이후에는 서서히 렘수면(얕은 잠)의 비율이 늘어나 최종적으로 눈을 뜨게 된다.

▣ 사람은 어느 정도의 비율로 깊이 잠드는가?

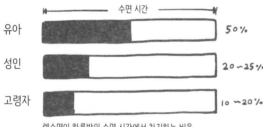

렘수면이 하룻밤의 수면 시간에서 차지하는 비율

전체 수면 시간 중에서 렘수면의 비율은 성인이 20% 이상, 갓난아기는 50%!
(성장하면서 렘수면의 비율이 서서히 줄어든다.)

기분 좋은 잠이
만들어지는 구조

조금 복잡한 얘기지만, 우리 몸이 매일 수면을 조절하는 원리에 대해 알아보겠다.

수면 조절의 원리는 크게 두 가지로 나뉜다. 그중 하나가 수면의 시간과 질을 조절하는 '항상성 유지 기능'이다.

원래 우리 몸에는 신체를 항상 쾌적한 상태로 유지하려는 기능이 내재되어 있다. 이를 '항상성 유지 기능'이라고 한다. 혈압이나 혈당이 일정한 범위 안에서 유지되고, 기도의 점막이 일정한 점도의 점액으로 촉촉함을 유지하고, 위는 위산에 의해 일정한 pH(산성이나 알칼리성을 재는 척도)로 유지되는 것이 그 예다. 면역계, 내분비계, 정신신경계 등이 연계되어 기능하면서 항상성을 유지하고, 이를 유지하지 못하면 병에 걸린다.

수면 메커니즘에서는 렘수면이나 비렘수면을 일으키는 뇌간부나 간뇌 등이 관여한다. 밤을 새거나 장시간 깨어 있으면 점점 수면의 욕구가 높아지고 졸음이 몰려오는 이유는 인간이 태어나면서부터 내재돼온 항상성 유지 기능의 작용이다.

수면을 조절하는 두 번째 원리는 '활동일주기'이다. 이는 약 24시간 주기에 따라 변하는 생리현상으로, 동물뿐만 아니라 식물에도 존재한다. 체온 조절이나 혈압의 변화 등이 잘 알려져 있다. 잠이 드는 시간을 조절하는 기능도 활동일주기에 따른 것인데, 뇌의 시상하부에 있는 생체시계의 작용으로 밤이 되면 자연스럽게 잠이 온다. 낮에는 자려고 해도 좀처럼 잠들 수 없다거나 밤이 되면 자연스레 졸린 이유는 이러한 기능에 의해 수면 조절이 이뤄지기 때문이다.

이 두 가지 원리가 상호 관계하면서 수면과 각성 주기를 만들고 낮에는 활동적인 상태로, 밤에는 잠을 자는 상태로 우리 몸을 이

나도 아침에 일찍 일어나고 싶다

끄는 것이다.

　그런데 참 신기하다. 이렇듯 수면을 조절하는 기능이 있음에도 우리는 왜 아침에 일어나기를 힘들어하고, 오전 내내 머리가 멍한 채 시간을 보내는 걸까? 생체시계를 알고 있을 것이다. 동식물의 다양한 생리, 대사, 행동, 노화 등 주기적 리듬을 담당하는 기관으로, 인체 내부에 있는 시계라고 보면 된다. 생체시계의 대표적인 예가 수면 패턴, 체온 조절, 혈압 변화다.

　인간을 포함한 포유류의 경우 뇌 중심에 있는 신경세포의 집합인 '시교차 상핵'이 생체시계 역할을 담당한다. 좌우 안구의 뒤쪽에서 나온 시신경은 두개골의 정중앙, 미간 안쪽에 해당하는 부분에서 교차하는데, 이 곳 바로 위 좌우에 하나씩 있는 것이 시교차 상핵이다. 시교차 상핵 세포가 만들어내는 전기신호를 통해 시교차 상핵 전체가 생체시계로서 약 24시간 주기의 리듬을 견고하게 유지한다. 참고로, 24시간 주기의 리듬을 대표하는 기능이 앞서 언급한 활동일 주기이다.

　해외여행을 갔을 때 밤이 되어도 좀처럼 잠이 오지 않는다거나, 반대로 낮에는 졸려서 곤란했던 경험이 있을 것이다. 이른바 시

차이다. **국내 생활에 맞춰진 생체시계가 외국의 낮과 밤 주기에 맞춰지기까지는 며칠에서 몇 주가 걸린다.** 그러는 동안 생체시계에 의해 조정되는 수면리듬이 어긋나며 일어나는 현상이 시차인 것이다.

생체시계는 24시간 주기로 움직인다고 했지만, 정확하게는 25시간 주기로 움직인다. 1965년, 독일 연구자 유르겐 아쇼프가 피험자 스물여섯 명을 한 달 가깝게 외부로부터 차단된 방에서 생활하게 하고 그 변화를 자세하게 기록했다. 그 결과 피험자들의 취침 시간이 하루에 한 시간씩 늦어지기 시작했다. 12일 후에는 열두 시간이 어긋나서 한밤중이 정오로 역전되었고, 24일 후에는 다시 원래대로 돌아왔다. 이 실험을 통해 인간의 하루 주기가 24시간이 아니라 25시간이라는 사실이 밝혀졌다.

우리는 매일 아침 햇빛을 눈으로 받아들이면서 생체시계를 한 시간 앞당겨 다시 조절한다. 지구의 자전 주기는 24시간이고, 인간은 그에 맞춰 생활하는데 어째서 한 시간씩 어긋나는지 이상하게 생각할지도 모른다. 이유는 명확하지 않지만, 한 시간이라는 차이가 있기에 오히려 다소 생활리듬이 무너져도 다시 조절하면서 살아가는 것은 아닐까?

나도 아침에 일찍 일어나고 싶다

이상적인 수면 시간은 8시간이라는 거짓말

적정 수면 시간이 도대체 몇 시간인지 확실하게 대답하기란 굉장히 어려운 일이다. 왜냐하면 적정 수면 시간은 개인의 성향이나 나이에 따라 차이가 크기도 하고 계절이나 성별에 따라 영향을 받기 때문이다.

예를 들면 각 나이에 따른 표준 수면 시간은 아동기에는 8.5~10.5시간, 성인기에는 7시간 전후, 노년기에는 6시간 전후이다. 또 나폴레옹이나 에디슨은 평균 수면 시간이 세 시간이었던 반면에,

아인슈타인은 열 시간 이상 잤다고 전해지듯이 **사람에 따라 필요한 수면 시간은 굉장한 차이가 있다.**

수면학에서는 일반적으로 하루 수면 시간이 네 시간 미만이어도 괜찮은 사람을 '단시간 수면자(short sleeper)', 아홉 시간 이상 잠을 자야 하는 사람은 '장시간 수면자(long sleeper)'라고 부른다. 그리고 각각 인구의 5~10퍼센트 정도 존재한다고 본다. 일설에 단시간 수면자는 외향적이고 그다지 고민하지 않는 정치가형, 반대로 장시간 수면자는 내향적이고 사려가 깊은 예술가형이라고 한다. 결국 충분히 잠을 잤는지, 아니면 잠이 부족한지는 수면 시간으로 정해지는 것이 아니라 낮에 확실하게 깨어 있는지에 따른 문제이므로 수면 시간의 길고 짧음에 집착해도 그다지 의미가 없다. 개인마다 그 정도에 차이가 있는 셈이다.

보통 이상적인 수면 시간은 여덟 시간이라고 하는데, 약 80퍼센트의 사람이 여섯 시간에서 아홉 시간을 가장 적절한 수면 시간으로 꼽기 때문에 그러한 개념이 생겨났을 뿐이다. 기본적으로는 **가장 기분 좋게 생활할 수 있는 수면 시간이 자신의 이상적인 수면 시간**이라고 생각하면 된다.

▣ 나이가 들면서 표준 수면 시간이 감소한다

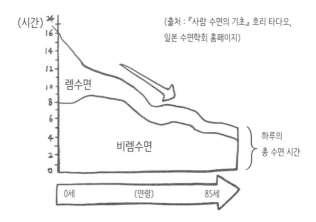

아동기에는 8.5~10.5시간, 성인기에는 7시간 전후, 노년기에는 6시간 전후 …
나폴레옹과 에디슨은 하루에 세 시간, 아인슈타인은 열 시간 …

따라서 '사람은 8시간은 자야 한다'고 말할 수 없다.

적당한 낮잠 시간은 30분 이내

밤에 충분히 잤는데도 정오가 지나면서 심하게 졸릴 때가 있다. 그럴 때는 오 분에서 십 분 정도 잠깐 눈을 붙이는 것만으로 정신이 개운해진다. 반대로 휴일에 낮잠을 한두 시간 정도 자고 났는데, 괜히 기분이 나쁘고 '차라리 자지 않았다면 좋았을 텐데……'라고 후회될 때가 있다. 또 밤에 잠이 오지 않기도 한다. 이처럼 낮잠을 자면 졸음을 쫓는데 도움을 받기도 하지만, 반대로 역효과가 나는 경우도 있다.

잠에는 단계가 있다고 앞서 언급했다. 잠이 들면 얼마 되지 않아 꾸벅꾸벅 조는 상태인 비렘수면 1단계에 들어간다. 오 분에서 십 분 정도가 지나면 2단계에 도달하고, 이십 분이 지나면 3단계, 삼십 분이 지나면 가장 깊은 잠인 4단계에 도달한다. 3단계와 4단계의 뇌파를 보면, 크게 완만한 파형인 서파가 관찰된다. 서파수면 시간은 개인별로 정해져 있어서, 낮에 삼십 분 이상 잠을 자면 서파수면까지 도달해 밤중에 서파수면 시간이 짧아지게 된다. 즉 밤에 자는 잠의 질이 나빠진다.

따라서 **낮잠은 30분 이내**로 자는 편이 좋다. 십오 분에서 이

나도 아침에 일찍 일어나고 싶다

십 분 정도의 낮잠이 가장 효과적이다. 그렇게 해야 수면리듬을 망가트리지 않고 밤에 충분히 잠을 잘 수 있다.

르네상스 3대 거장 중 한 사람인 레오나르도 다빈치는 네 시간마다 십오 분씩 낮잠을 자고 항상 맑은 정신 상태를 유지했다고 한다. 또한 조선일보 기사에 따르면, 한국에서는 회사원 두 사람 중 한 사람은 낮잠을 자고, 그 평균 시간이 십육 분 정도라고 한다. 프랑스에서는 건강과 생산성 향상에 효과가 있다고 정부가 기업에 낮잠 자기를 장려한다고 한다. 모든 국가가 이를 배웠으면 한다.

낮잠을 잔 후 맑은 정신으로 일어나기 위한 비법이 있다. 우선, 낮잠을 자기 전에 커피를 마시면 효과가 좋다. 카페인을 마시면 잠이 안 올까봐 걱정된다는 사람들이 많은데, 혈중 카페인 농도가 가장 높을 때는 커피를 마신 후 십오 분에서 이십 분 사이이다. 즉 짧은 낮잠을 자기 직전에 커피를 마시면 일어난 직후에 카페인 효과가 나타나서 상쾌하게 눈을 뜰 수 있다. 그리고 눈을 떴다면 옥상이나 밖으로 나가 온몸 가득 햇빛을 쐬거나 차가운 물로 얼굴을 씻으면 좋다.

우리는 왜 꿈을 꿀까?
악몽의 정체는 무엇일까?

왜 사람은 꿈을 꿀까? 그 비밀에도 질 좋은 잠을 이루는 비결이 숨어 있다.

많은 연구자가 꿈을 꾸는 원인을 설명했는데, 그중 하나는 안구운동이나 시각에 관계하는 뇌의 부위가 흥분하면서 뇌의 저장고에 있던 영상들이 우연히 빠져나오고 이를 자동으로 연상하면서 꿈이 생긴다는 설이다. 그 밖에는 무의미한 정보를 버리고 필요한 정보를 잊지 않도록 뇌가 활동할 때 지각되는 현상, 즉 뇌의 기억 정보

나도 아침에 일찍 일어나고 싶다

처리에 관계하는 현상이라는 설도 유력하다.

참고로, 꿈을 꿀 때 뇌의 상태를 보면 동물에게는 'PGO파'라는 톱니 형태의 뇌파가 시상하부와 후두엽에 걸쳐서 나타난다. 이 PGO파가 해마 등을 자극해서 기억을 끄집어내고 대뇌피질에 꿈을 투영한다고 여겨진다.

뇌가 활성화되는 렘수면이 절정에 달했을 때 꿈을 꾸고 비렘수면 단계에서는 꿈을 꾸지 않는다고 했지만, 최근 연구에서 비렘수면 중에도 꿈을 꾸는 일이 있다는 사실이 밝혀졌다. 예를 들면 사람이 충격적인 사건을 겪게 되면 그것이 강한 트라우마가 되어 나중에 갑자기 눈앞에 실제로 벌어지는 것처럼 뚜렷하게 떠오르는 일이 있다. 이 현상을 '**플래시백**'이라고 하는데, 이것이 비렘수면 중에 일어나는 경우가 있다.

어쨌든 사람이 왜 꿈을 꾸는지를 알기에는 아직 더 많은 시간이 필요할 듯하다. 너무나도 나쁜 꿈을 많이 꾸고, 아침에 상쾌하게 일어나지 못할 때 어떻게 하면 좋을지는 이어서 살펴보자.

자주 나쁜 꿈을 꾼다면 수면의 질을 체크하자

인구의 5퍼센트에서 10퍼센트 정도는 빈번하게 악몽을 꾼다고 한다. 악몽을 꾸는 원인으로는 정신적인 스트레스나 트라우마라고 생각된다.

악몽을 꾸지 않으려면 우선은 그런 원인을 제거해야 한다. 하지만 짐작이 가는 원인이 없는데 악몽을 자주 꾼다면 그 이유는 무엇일까?

사람은 누구나 매일 밤 많은 꿈을 꾸지만 꿈의 대부분을 기억하지 못한다. 하지만 악몽은 인상이 깊어서인지 기억에 남기 쉽다고 한다. 좋은 꿈은 잊고 나쁜 꿈만 기억하기 때문에 결과적으로 악몽만 꾼다고 생각하는 사람도 많다.

또한 꿈을 꾸는 시점은 대부분 얕은 잠인 렘수면 상태일 때다. **악몽을 많이 꾼다면 수면 시간 중에서 렘수면이 차지하는 비율이 많아졌기 때문**이다. 즉 수면의 질이 나빠진 것은 아닌지 의심해봐야 한다. 그런 사람은 자기에게 맞는 침구로 바꾸거나 생활리듬을 개선해 깊은 잠을 자게 되면 의아할 정도로 쉽게 악몽에서 벗어날 수 있다.

가설 ①　안구운동이나 시각에 관계하는 뇌의 부위가 흥분
　　　　　→ 뇌의 저장고에 있던 영상들이 우연히 빠져나온다.
가설 ②　무의미한 정보를 버릴 때나 필요한 정보를 잊지 않도록 할 때 보인다.
　　　　　→ 기억 정보 처리에 관계하는 현상

뇌가 활성화된 렘수면(얕은 잠)에 빠졌을 때 꿈을 꾼다.

◼ 왜 악몽을 꾸는가?

원인 ①　정신적인 스트레스나 트라우마가 생겼다.
원인 ②　사실 우리는 매일 밤 많은 꿈을 꾸는데 나쁜 꿈은 인상에 강해서 기억에
　　　　　남기 쉬울 뿐이다.

**악몽을 자주 꾸는 건 렘수면의 비율이 높다는 증거! 수면의 질이 나빠졌
을 가능성도 있다.**

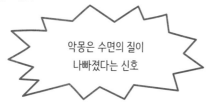

악몽은 수면의 질이
나빠졌다는 신호

가위눌림,
기이한 현상이 아니다

　자고 있는데 누군가가 자신을 올라탄 것 같고 꼼짝 못 하게 몸을 죄는 듯한 감각을 경험한 적이 있는가? 흔히 '가위에 눌렸다'고 하는 현상이다.

　가위눌림은 렘수면에 들었을 때 생기는 현상이다. 앞에서도 언급했듯이 렘수면 상태에서 뇌는 활발하게 움직이지만 온몸의 힘은 다 빠져 있다. 이런 상태에서 어떤 충격으로 갑자기 눈을 뜨게 되면 몸에 힘이 들어가지 않아 바로 움직이지 못한다. 즉 뇌는 움직이

　　　　　　　　　　나도 아침에 일찍 일어나고 싶다

고 싶지만 움직일 수 없다고 인식하는 상태, 이것이 가위눌림의 정체다. 악령의 주문도 조작도 아니고, 기이한 현상도 아니다.

다만 너무 자주 가위에 눌린다면 악몽을 자주 꾸는 사람과 마찬가지로 렘수면이 늘어났거나 얕은 잠을 자는 것으로 생각된다. 불규칙한 수면 습관, 수면 부족, 스트레스 탓에 가위눌림이 늘어난 셈이다. 드물기는 하지만, '기면증'이라고 하는 수면 과다증을 동반하는 질병이나 '저칼륨 주기마비'와 같은 내과 질병으로 가위눌림을 겪기도 한다.

너무 자주 가위에 눌리면 4장과 5장을 참고해 생활습관을 바꾸거나 전문의에게 진찰을 받아보는 편이 좋다.

수면보행증,
크게 걱정할 일이 아니다

잠과 관련된 증상 중에 잠에서 깨지 않은 상태에서 일어나거나 걸어 다니면서도 본인은 기억하지 못하는 질병이 있다. 몽유병, 정식으로는 '수면보행증'이라고 불리는 증상이다. 《알프스 소녀 하이디》에서도 하이디가 알프스에서 내려와 클라라와 함께 살게 된 후에 밤이 되면 돌아다니다가 다음날이면 그 일을 기억하지 못하는 에피소드가 있는데, 그것이 바로 전형적인 수면보행증 사례다.

어린아이가 종종 보이는 이 증상은 자면서 한두 시간 후에 깊은 잠인 비렘수면에 빠졌을 때 일어나는 경우가 많고, 대부분 잠이 든 전반 3분의 1 시간대에 집중된다. 네 살에서 여덟 살 아이들에게 발병하기 쉬운데, 사춘기 이전에 거의 증상이 사라지므로 크게 걱정할 일은 아니다.

수면보행증은 꽤 깊은 수면에 빠진 상태이기 때문에 주변의 누군가가 수면보행증 증상을 보이더라도 무리해서 깨우려 하지 말자. 자연스레 침대까지 데리고 가서 눕히면 충분하다. 다만 뇌전증과 같은 다른 질병의 증상으로 나타나기도 하니, 증상이 너무 빈번하게 계속된다면 전문의의 진찰을 받아보기 바란다.

4장

배우고 싶다,
아침이 상쾌한 사람들의
사소한 습관들

오늘 밤부터
효과가 나타나는,
짧지만 깊게 잠드는 법

한마디로, 아침에 상쾌하게 일어나려면 깊은 잠을 자야 하는데 얼마나 바로 잠드느냐에 따라 깊은 잠을 잘 수 있는지 아닌지가 결정된다. 당연한 얘기지만 잠자리에 들어도 바로 잠들지 못한다면 수면 시간이 그만큼 줄어들기 때문이다. 이 문제를 해결하지 못한다면 상쾌한 아침맞이는 먼 나라 얘기가 된다.

얼마나 바로 잠드느냐가 중요한 또 다른 이유는 **어떤 상태로 잠들었느냐가 잠든 뒤의 기분을 크게 좌우**하기 때문이다. 즉 잠이 든 시간보다도 잠들기 시작하는 순간이 더 중요하다. 편안하게 잠들어야만 깊은 잠을 자게 되고 잠의 질도 높아져 상쾌한 기분으로 기분 좋게 눈을 뜰 수 있다.

편하게 있다가 졸릴 때 자면 된다고 가볍게 생각해서는 안 된다. 질 나쁜 수면은 몇 시간을 잔들 몸과 마음이 충분히 쉬었다고 볼 수 없다. 게다가 질 나쁜 수면이 일상화된다면 몸과 마음의 불균형이 심해져 원래 상태를 회복하기가 어려워진다.

어쩔 수 없이 밤샘작업을 해야만 하는 때도 있고, 다소 잠을 줄여서라도 일을 마쳐야만 하는 때도 있겠지만, 일상이 되지 않도록 신경을 써야 한다. 수면 시간을 줄이면서까지 일한다고 해서 업무 능률은 오르지 않는다.

예전에 수험생들 사이에서 오가던 '사당오락(四當五落)'이라는 말이 있다. 네 시간 자고 공부하면 지망하는 대학에 들어가지만, 다섯 시간 이상 잔다면 불합격한다는 뜻이다. 하지만 과학적으로 접근해보면 이처럼 어리석은 생각도 없다.

수면은 뇌의 활동과 밀접한 관계가 있는데, 그중에서도 기억과 관련해 중요한 역할을 한다. 특히 **램수면과 비램수면 중에서 램수**

면이 기억과 관련이 깊다. 사람은 렘수면 상태일 때 뇌에 쌓인 정보를 정리하고 기억을 재편해서 고착하기 때문이다. 하지만 수면 시간이 극단적으로 줄어들면 렘수면 상태에 들지 못하고 비렘수면 상태만 지속된다. 비렘수면은 뇌가 쉬는 상태다. 비렘수면은 렘수면 이상으로 중요하지만, 수면 시간을 줄이면 기억을 고착하는 데 필요한 렘수면 시간이 줄어들어 아무리 공부해도 그 내용을 기억하지 못한다.

잠이 부족하면 머리가 멍하고, 설령 깨어 있어도 수마와 싸우는 데 온 정신을 쏟게 되어 효율적인 사고를 하기가 어려워진다. 직장인이라면 작업 수준은 떨어지고 창의력을 발휘하지 못한다. 그러니 잠을 줄이는 일은 자제하기를 권한다. 오히려 편안하게 잠들어서 질 좋은 잠을 자고 일어난 후에 뇌를 어떻게 활성화할지를 고민하는 편이 현명하다.

아침에 어렵지 않게 일어나는 사람들을 보면 "베개가 머리에 닿으면 바로 잠이 든다", "누가 업어 가도 모를 정도로 깊이 잔다"고들 말한다. 빨리 잠들고 깊이 자는 것이 아침을 산뜻하게 시작하는 비결인 셈이다.

수면 습관이 굉장히 심각한 상태가 아닌 한, 이 장에서 소개하는 방법을 몇 가지만 실천해보면 깊은 잠을 자고 산뜻한 아침을 맞이할 수 있다. 바로 효과를 봤다고 해서 작심삼일로 끝내지 말고 꾸준히 계속하기를 바란다.

그럼 이제 깊은 잠을 부르는 방법을 소개하겠다. 상쾌한 아침을 맞이하는 첫걸음을 내디뎌보자.

미리 방을 조금
어둡게 한다

　요즘 조명기구가 많이 밝아져서 밤에도 집 안이 환한 가정이 많다. 그런데 수면에는 환한 빛이 도움이 되지 않는다. 거실이나 침실 조명의 밝기를 조절할 수 있는가? 그렇지 않다면, 우선 밝기를 조절할 수 있는 조명기구로 바꾸기를 권한다. 그리고 **잠들기 두 시간 전에는 조명을 200럭스 이하로 낮추자.**

　보통 거실의 적정 밝기는 최대 300럭스 정도이고, 200럭스라고 하면 현관에 켜지는 등 정도의 밝기이다. 계절에 따라 다소 차이는 있지만 대략 해가 질 무렵인 오후 6시 이후의 어스름하게 밝은 정도, 또는 호텔에서 간접조명을 켰을 때의 밝기 정도라고 하면 이해하기 쉬울 듯하다. 그것보다 조금 더 어둡게 해서 옅은 어둠이라고 느낄 정도로 조명을 낮추자. 빛이 직접 눈으로 파고드는 직접조명이 아니라 간접조명을 사용해도 효과적이다.

왜 조명을 어둡게 해야 할까? 이는 뇌의 솔방울샘이라는 부분에서 분비되는 '멜라토닌' 호르몬과 연관이 있다. 멜라토닌은 **수면 호르몬**이라고도 불리는데 체온과 혈압, 맥박을 낮추고 신체리듬을 제어한다. 이 호르몬은 빛이 눈에 들어온 후 열네 시간에서 열다섯 시간이 지나야 분비되고, 어느 정도 양이 축적되어야만 제 기능을 하기 시작한다. 즉 낮에는 거의 분비되지 않다가 저녁 이후에 어두워지면서 분비량이 늘어나고 어느 정도 양이 축적되면 잠을 부른다.

솔방울샘은 눈의 망막이 받는 빛의 양으로 멜라토닌의 분비량을 결정한다. 눈으로 들어오는 빛의 양이 줄어들면 이를 감지해 솔방울샘이 멜라토닌을 분비한다. 따라서 어두워져야 하는 시간에 집 안이 환하다면 멜라토닌이 충분히 분비되지 않기 때문에 잠들기까지 시간이 걸린다.

잠들기 두 시간 전에는 조명을 어둡게 해서 멜라토닌의 분비를 촉진해야 한다. 어두워지고 나서 두 시간 정도 지나면 멜라토닌이 상당히 활발하게 분비되고, 축적되면서 자연스럽게 잠이 오기 시작한다.

멜라토닌의 축적량은 새벽 2시쯤에 정점을 찍고 그 후 점점 분해되어 줄어든다. 즉 멜라토닌으로 저하된 체온과 혈압, 맥박이 서서히 상승해서 상쾌하게 눈을 뜨는 상태에 가까워진다.

나도 아침에 일찍 일어나고 싶다

깊은 잠을 부르는 방법 2

시계 소리, 냉장고 소리를
차단한다

당연한 얘기지만, 무슨 소리가 들리면 좀처럼 잠들지 못한다. 예를 들면 교통량이 많은 찻길에 인접한 침실에서는 밤새 계속되는 차 소리 때문에 질 나쁜 얕은 잠밖에 자지 못한다. 익숙해지면 괜찮다는 말은 엉터리이다. 소음에 익숙해져서 잠이 들지는 몰라도, 만성적으로 질 나쁜 수면이 계속되는 상태이기에 아무리 잠을 자도 피곤이 풀리지 않는다.

몸과 마음이 안정되어 편안하게 잠을 자기 위해서는 가능한 집 전체가 조용해야 하지만, 우선 침실만이라도 조용한 상태를 유지하자. 이상적인 소음 정도는 40폰 이하이다. 한적한 주택가가 40폰약, 작은 목소리로 하는 대화가 40폰 강 정도인데, 적어도 그 정도로 조용하게 침실의 소음 상태를 유지하기를 바란다. 그러기 위해서는 가능한 찻길에서 멀리 떨어진 방을 침실로 하고, 방음이 잘되는 이중창에 소리를 차단할 만한 두꺼운 재질의 커튼을 치는 등의 조치가 필요하다.

작은 소리에 신경이 쓰여 잠들지 못한다면 마음이 편한 음악을 배경음악처럼 나지막하게 흐르게 해서 밖에서 나는 소리를 묻히게 하는 방법도 있다. 그래도 나아지지 않는다면 귀마개 등을 이용해도 좋다.

밖에서 들려오는 소리뿐만 아니라 집 안에서 나는 소리도 잠을 방해한다. 예를 들면 째깍대는 시계 소리나 냉장고가 돌아가는 소리처럼 깨어 있을 때는 거슬리지 않던 소음이 자려고 하면 신경이 쓰여서 잠들지 못하는 때가 많다. 뜻밖이라고 생각할지 모르지만, 잠들 때는 불규칙한 소리보다 규칙적인 소리가 나쁜 영향을 준다. 따라서 규칙적인 소리를 내는 물건이 침실에 있다면 바로 치우자.

침실에 조용하게 음악을 틀어두면 신기하게도 바깥 소음이 차단된다.

마음이 편안해지는 음악을
조용히 틀어둔다

　빨리 잠들기 위해 애를 써서는 안 된다. 대신 깊은 잠이 들도록 신체리듬을 바꿔야 한다. 음악을 좋아하지 않는 사람도 있겠지만, 마음을 안정시키기 위해서는 자기 전에 음악을 듣는 것이 효과적이다.

　의학 분야에서도 최근 음악치료가 주목을 받고 있다. **다양한 음악을 들으며 심신을 안정시키거나 집중력을 높이는 효과**를 얻는 치료법이다. 음악을 심리치료에 활용하는 심리상담사나 음악치료사도 있으니 도움을 받는 것도 괜찮다.

인간의 뇌는 편안해지면 알파파라고 하는 뇌파를 발생시키는 데 같은 알파파를 발생시키는 음악을 듣게 되면 몸과 마음이 편안해진다고 한다. 그런 음악으로는 쇼팽의 〈전주곡 제7번 A장조 OP. 28 No. 7, 좋은 기억 속을 향내처럼 즐거운 추억이 감돈다〉, 〈자장가 D 플랫장조 Op. 57〉, 바흐의 〈마태수난곡 BWV 244 Op. 26, 나 예수 곁에 깨어 있으리〉, 〈마태수난곡 BWV 244 Op. 47, 주여 불쌍히 여기소서〉, 모차르트의 〈아베 베룸 코르푸스 K618〉 등이 꼽힌다.

어떤 곡이든 **들어서 마음이 편안해지는 음악을 선택**하면 된다. 어린 시절 어머니가 들려주던 자장가도 좋다. 마음이 편한, 박자가 규칙적으로 흐르는 곡을 조용히 틀어두자. 교감신경이 우위인 상태에서 마음이 편안해지는 부교감신경 우위로 자율신경 체제가 바뀌면서 몸과 마음 모두 편안해진다.

잠을 부르는 향을
집 안 곳곳에 뿌려둔다

로마제국시대부터 인간은 편안하게 잠들기 위해 향을 이용했다. 우리도 **잠을 부르는 향**을 활용해보면 어떨까?

향을 활용한 치료법으로 **아로마테라피**가 있다. 아로마는 '향', 테라피는 '치료'를 의미하는 프랑스어다. 식물에서 추출한 성분의 힘을 빌려 몸과 마음을 편안하게 해서 자율신경계의 균형을 바로잡는 것이 목적이다. 특히 **깊은 잠을 부르는 데 효과가 높다고 알려진 향기는 라벤더 향**으로, 로마제국시대에는 입욕제나 세탁세제로도 사용했다고 한다. 그 밖에도 다음과 같은 향을 집 안 곳곳에 입혀보자.

캐모마일 : 진정, 진통 효과가 있다. 고대이집트인들이 발견했고, 지금은
많은 사람들에게 허브티로 사랑받고 있다.

샌들우드 : 백단향이라고도 불린다. 항염 작용이 뛰어나며 두통, 요통,
몸이 좋지 않은 사람에게 문향요법(가슴 속 깊이 향을 들이마셔 음미하
는 치료법)으로 사용되고 있다.

클라리세이지 : 호르몬의 균형을 바로잡고, 생리 전 긴장을 풀어주고
생리주기를 바로잡아준다.

스위트오렌지 : 이름 그대로 감귤계 향이 난다. 신체를 따뜻하게 해서
마음을 안정되게 한다.

이러한 향기가 나는 에센셜 오일을 욕조에 몇 방을 떨어트려
서 목욕을 하거나, 잠자리에 들기 전에 아로마램프로 향을 피우고
잠깐 시간을 보내면 마음이 편안해진다. 최근에는 아로마 캔들이나
아로마 베개도 있다고 하니 전문점에서 마음에 드는 향이 나는 제품
을 찾아보자.

요는 너무 푹신하지 않게,
이불은 취향에 맞게
선택한다

현대인의 평균 수면 시간은 어느 정도일까? 정답은 여섯 시간에서 여덟 시간, 즉 인생의 3분의 1에서 4분의 1을 자면서 보내는 셈이다. 그런데도 침구에 무관심한 사람이 많다. 어떤 침구가 자신에게 맞는지는 사람에 따라 달라서 일괄적으로 말하기 어렵지만, 기본적으로 너무 푹신한 요는 몸을 받쳐주지 못해서 잘 때 불편하고 심하면 요통의 원인이 되기도 한다.

따라서 **요는 너무 푹신하지 않은 제품이 좋다.** 등의 곡선 정도가 2센티미터나 3센티미터 정도일 때 편안하게 잠든다고 한다. 요가 너무 푹신하면 등이나 엉덩이가 아래로 꺼져서 부자연스러운 자세가 된다. 침대도 마찬가지로, 매트가 꺼지지 않도록 너무 푹신하지 않은 제품을 선택해야 한다.

한편 **이불은 땀을 잘 흡수하고 보온성이 있어야 좋다.** 깃털이불과 같이 천연 소재로 충전된 이불을 추천한다. 하지만 가벼운 깃털이불을 좋아하는 사람이 있는 반면에 약간 무거운 솜이불을 선호하는 사람도 있다. 여러 종류의 이불을 살펴보고 자신에게 맞는 이불을 찾는 것이 중요하다.

깊은 잠을 자기 위해서는 베개 역시 중요한 조건 중 하나이다. 베개를 고를 때 가장 신경 써야 하는 부분은 높이다. 남성은 후두부에 닿는 높이가 5센티미터에서 6센티미터, 목이 닿는 부분의 높이가 7센티미터에서 8센티미터, 여성은 후두부에 닿는 높이가 3센티미터에서 4센티미터, 목이 닿는 부분의 높이가 5센티미터에서 6센티미터일 때 이상적이라고 한다.

베개를 선택할 때 두 번째로 고려해야 할 점은 크기이다. 사람은 잠자는 동안에 적어도 20회 이상, 많게는 50회에서 60회 정도 몸을 뒤척인다. 몸을 뒤척일 때 머리가 베개에서 떨어지지 않을 만큼의 폭이 필요한 셈이다. 자주 뒤척이는 젊은 사람이라면 60센티미터, 고령자라면 폭이 어깨너비 정도인 베개를 선택하면 좋다. 참고로, 베개의 깊이는 40센티미터 정도는 되어야 한다.

세 번째 고려해야 할 점이 푹신함인데, 이는 각자 취향에 따른다. 가장 편안하다고 느껴지는 베개를 선택하면 된다.

나도 아침에 일찍 일어나고 싶다

침구를 바꾸기만 해도 수면의 질이 크게 달라진다.
평소에 사용하는 이부자리가 자기 몸에 맞는지 확인해보자.

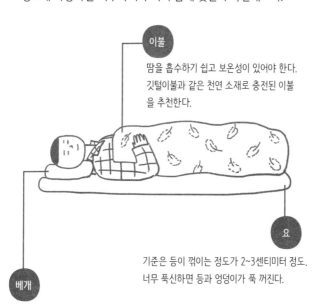

이불

땀을 흡수하기 쉽고 보온성이 있어야 한다.
깃털이불과 같은 천연 소재로 충전된 이불
을 추천한다.

요

기준은 등이 꺾이는 정도가 2~3센티미터 정도.
너무 푹신하면 등과 엉덩이가 푹 꺼진다.

베개

〈높이〉
남성 : 후두부에 닿는 높이가 5~6센티미터, 목이 닿는 부분의 높이가 7~8센티미터
여성 : 후두부에 닿는 높이가 3~4센티미터, 목이 닿는 부분의 높이가 5~6센티미터

〈크기(폭)〉 자는 동안 뒤척임이 많은 젊은 사람이라면 60센티미터,
　　　　　　고령자라면 어깨너비 정도
〈깊이〉 40센티미터 정도
〈푹신함〉 가장 편안하다고 느끼는 정도

실내 온도를
적정 수준으로 맞춘다

　숙면하기에 적당한 침실 온도는 여름에는 25도 전후, 겨울에는 18도 전후이다. 이불 속 온도는 사계절 관계없이 33도 전후가 최적이다. 또 적정 습도는 75퍼센트이다. 기온이 30도, 습도가 80퍼센트를 넘어가면 수면의 질이 나빠진다.

　예전에는 여름에도 밤이면 시원해져서 잠들기 쉬웠는데, 최근에는 온난화의 영향이 있어서인지 최저기온이 25도 이상인 열대야가 연간 수십 일이나 된다. 게다가 습도도 높아져서 쉽게 잠들지 못하는 날이 많아지고, 수면 부족이 계속되면서 수면리듬이 망가지는 일도 종종 생긴다.

그 영향으로 선풍기나 에어컨, 제습기 등을 이용하는 사람들이 늘었다. 냉방기기를 사용할 때는 바람이 몸에 직접 닿지 않도록 하고, 시간 예약 기능을 이용해 잠이 들고 난 후 한 시간에서 세 시간 후에는 전원이 꺼지게 해야 한다. 밤새 선풍기나 에어컨을 켜두면 체온을 빼앗겨서 오히려 얕은 잠을 자게 되고, 눈을 떴을 때 심한 피곤을 느끼기도 하니 주의가 필요하다.

한편 겨울에는 어떻게든 방을 따뜻하게 하면 좋다고 생각해서 난방을 켜놓은 채 잠자리에 들기 쉬운데, 너무 더우면 오히려 잠을 푹 자지 못한다. 미리 방을 따뜻하게 해두고, 잠들고 나서 한 시간에서 세 시간 후에는 난방 **전원이 꺼지도록 시간 예약 기능을 설정하자.** 이불 속에 한동안 머물러 있으면 몸이 스스로 발열 작용을 일으켜 따뜻해진다.

하지만 저혈압이거나 냉증이 있는 사람은 좀처럼 손발이 따뜻해지지 않으니 전기담요나 전기난로를 사용하면 좋다. 다만 이런 난방기구 역시 시간 예약 기능을 활용해 잠들고 나서 한 시간에서 세 시간 후에는 전원이 꺼지도록 해두길 바란다. 가능한 **자기 체온 으로 따뜻하게 하는 것이 좋은 잠을 이루는 비결**이다.

춥다며 양말을 신고 잠자리에 드는 사람도 꽤 있는데, 이는 나쁜 습관이다. 자는 도중에 발에서도 땀이 나는데, 땀으로 축축해 진 양말에 체온을 빼앗겨 발끝이 찬 기운을 느끼게 된다. 양말을 신 기보다는 무릎덮개 등으로 발을 감싸는 편이 낫다.

나도 아침에 일찍 일어나고 싶다

잠자기 3시간 전에는 먹거나 마시지 않는다

늦게까지 야근을 하고 밤에 식사를 하다 보면 바쁜 일상을 보낸 자신에게 위로가 되면서 마음 한편에서는 살이 찌지 않을까 걱정하게 된다. 물론 잠자리에 들기 직전의 식사는 비만의 원인이고 절대 피해야 할 습관이다.

하지만 그보다 더 큰 문제는 늦은 밤의 식사가 수면을 방해한다는 점이다. 배가 부르면 잠이 오니까 더 좋은 일이 아니냐고 생각하는 사람이 있을지 모른다. 분명 그런 점이 있기는 하다. 식사를 하면 탄수화물과 당분이 포도당이 되고 혈액에 섞여서 뇌로 옮겨진다. 포도당에 자극받은 뇌는 렙틴과 콜레사이스토키닌 등의 물질을 분비하고, 그에 신경이 자극을 받아 포만감을 느끼게 된다. **포만감과 느긋해진 기분이 부교감신경을 활성화해서 잠이 오게 된다.** 또 식사를 하면 각성을 촉진하는 오렉신의 활동이 약해져서 잠이 온다는 사실도 최근에 밝혀졌다.

하지만 식사 후에 그대로 잠이 들면 깊은 잠을 이루지 못한다. 잠이 들었다고 해도, 막 음식이 들어간 소화기관은 소화 활동을 위해 계속해서 움직인다. 그 때문에 얕은 잠을 자게 되어서 뇌가 충분히 쉴 수가 없다. 실제로 식사 후에 바로 잠드는 사람을 관찰해보면, 잠자는 동안 불편한 듯 괴로운 표정을 짓거나 몹시 뒤척이는 등 편해 보이지 않는다. 그리고 아침에 일어났을 때 녹초가 될 정도로 피곤함을 느낀다.

깊은 잠을 자기 위해서는 잠자기 서너 시간 전에는 저녁 식사를 마치자. 가능한 부담스러운 음식을 피하고, 80퍼센트 정도의 포만감을 느낄 정도로 식사량을 제한한다. 너무 배가 고파서 어쩔 수 없을 때는 비스킷 한두 개나, 따뜻한 우유를 마시는 정도로 끝내자.

식사뿐만 아니라 카페인이 함유된 커피, 홍차, 녹차 등의 음료나 담배, 술 등도 신경을 흥분시켜서 잠의 질을 나쁘게 하니 가급적 피한다.

깊은 잠을 부르는 방법 8
저녁에는 소화가 잘되는
음식을 먹는다

　질 좋은 수면은 저녁 식사의 영향을 크게 받는다. 저녁은 취침 세 시간 전까지 80퍼센트 정도의 포만감을 느낄 정도만 먹고, 가능하면 먹는 음식에도 신경을 써야 한다.

　우선, 저녁 식사로는 부담스러운 음식을 피해야 한다. 닭튀김이나 돈가스와 같이 열량이 높고 소화가 잘 안 되는 음식을 먹으면 자는 동안에도 소화기관이 쉬지 못하고 계속 활동해야 하기 때문이다. 잠들기 세 시간 전에 먹더라도 말이다. 147쪽에 식품별로 소화 시간(섭취 후 위에서 소화흡수되는 데 필요한 시간)을 정리해두었으니 참고하기 바란다.

　질 좋은 잠을 자기 위해서는 고기, 달걀 흰자, 참치, 콩, 우유, 벌꿀, 붉은 살 생선 등을 반찬으로 해서 먹기 바란다. 이들 식품에는 아미노산의 일종인 트립토판이 많이 함유되어 있다. 트립토판은 우리 몸에 들어가면 **세로토닌과 멜라토닌이라는, 마음을 진정시키고 수면 효과를 가져오는 호르몬으로 변한다.** 이 호르몬들의 효과를 더욱 높이기 위해서 쌀, 감자, 빵, 파스타 등과 같은 탄수화물을 같이 먹자. 탄수화물은 체내에서 포도당이 되어서 트립토판을 뇌로 보내는 작용을 돕는다. 즉 트립토판이 많이 포함된 식품과 탄수화물 식품을 균형 있게 섭취하면 잠자리가 편안해진다.

　그 밖에도 잠을 부르는 식품으로 다음과 같은 것들이 꼽힌다.

상추 : 상추에 포함된 락투신과 락투코피크린이라는 물질은 잠을 촉진하는 효과가 있다. 유럽에서는 '먹으면 잠이 오는 채소'로 알려져 있다.

양파 : 자율신경의 움직임을 조정하는 비타민 B_1이 풍부하다.

낫토 : 비타민 B_{12}가 풍부하고, 자율신경의 균형을 잡는 효과가 있다.

이 외에 조개, 두부, 정어리, 간 등에도 트립토판이 많이 포함되어 있다.

이러한 식품은 잠이 드는 데 효과적이지만, 많이 먹는다고 해서 극적인 효과가 나타나지는 않는다. 누가 뭐라고 해도 기본은 '영양이 골고루 들어 있는 규칙적인 식사'이다.

회사에 다니면 아무래도 아침은 커피에 빵 한 조각, 점심에는 밀가루 음식 한 그릇, 저녁에는 거창하게 하기 쉽다. 이래서는 질 좋은 잠을 이루기 어렵다. 소화가 잘되는 음식을 잠자기 세 시간 전에 먹어서 평소보다 십 분이라도 빨리 일어나자. 그리고 그 날 활동에 필요한 에너지를 확실하게 보충하자. 아침을 제대로 챙겨 먹으면 육체와 정신 모두 깨어나 본격적인 활동을 시작할 수 있고 머리도 맑아진다. 낮에는 오전 중에 쓴 에너지를 보충하기 위해 반드시 균형 잡힌 식사를 해야만 한다. 그 대신 저녁은 가볍게 끝내자. 그렇게 하면 건강 상태가 개선되고 생활리듬도 좋아져서 깊은 잠을 이루게 되고 아침에 일찍 일어날 수 있다.

나도 아침에 일찍 일어나고 싶다

저녁은 소화가 잘되는 음식으로 취침 세 시간 전에 먹는 것이 좋다. 소화 시간(섭취 후 위에서 소화흡수가 되는 시간)을 참고로, 잠들 때는 위에 음식이 남아 있지 않도록 한다.

종류(100그램)	소화 시간
맥주	48분
사케	1시간
식빵	1시간 22분
사과, 배, 귤	1시간 45분
말린 가자미	1시간 50분
센베이, 연근, 쌀밥	2시간
가자미 회, 오이, 인삼, 감, 우엉, 땅콩, 감자	2시간 15분
불고기 전골, 호박, 카스텔라	2시간 30분
날달걀	2시간 50분
닭고기, 비스킷, 가자미 소금구이	3시간
완숙 달걀	3시간 15분
돼지불고기 전골	4시간 15분
문어	5시간

100그램에 해당하는 소화 시간

(참고 : 《단시간 쾌면법과 침구》, 다타이 키치노스케, 인간과 역사사)

TV와 컴퓨터는
잠들기 3시간 전에 끈다

현대인에게 TV나 컴퓨터는 없어서는 안 될 생활 필수품이 되었다. 뉴스를 볼 때, 업무 정보를 수집할 때, 게임을 즐길 때도 TV나 컴퓨터가 없으면 생활이 이루어지지 않는다. 하지만 이러한 편리한 점 때문에 어른도 아이도 수면 시간이 점점 줄어들고 있다는 사실을 잊어서는 안 된다.

TV나 컴퓨터 게임은 물리적으로 수면 시간을 줄이는 것은 물론, **청각과 시각에 동시에 자극을 줘서 신경을 과도하게 흥분시킨다.**

요란한 소리와 밝게 번쩍이는 화면 때문에 일단 활성화된 뇌는 TV나 컴퓨터의 전원을 끄더라도 바로 휴식 상태로 접어들지 못하고 두세 시간은 흥분해 있다. 그러면 침대에 들어도 바로 잠들지 못하고, 설령 잠이 들었다고 하더라도 굉장히 얕은 잠을 자게 된다.

밝은 화면을 계속 봐서 생기는 폐해도 있다. 앞에서 이미 설명한 것처럼 사람은 원래 밤이 되면 잠이 드는 동물이다. 그때 중요한 역할을 하는 것이 앞서 언급한 멜라토닌인데, 밝은 화면을 계속 보면 멜라토닌의 분비가 억제되고, 그 때문에 잠이 오지 않는다. 그리고 그 상태가 오랫동안 계속되면 생체시계도 망가져 수면리듬은 엉망진창이 된다. 그렇게 되면 원래대로 돌아가기란 쉽지 않다.

올바른 수면리듬을 확보하기 위해서라도 잠들기 세 시간 전에는 TV나 컴퓨터의 전원을 끄는 습관을 들이자. 너무 보고 싶은 프로그램이 있다면 녹화해두고 다음 날이나 휴일 낮에 보자. 또 업무 때문에 어쩔 수 없이 컴퓨터를 사용해야 한다면 일찍 잠들고 다음 날 아침 일찍 일어나서 처리하기를 권한다.

40도 전후의 따뜻한 물에
몸을 담근다

낮에 쌓인 피로를 풀기 위해 뜨거운 물로 목욕을 즐기는 사람들이 있다. 하지만 이는 오히려 수면을 방해하는 습관이다. 깊은 잠을 자려면 약간 따뜻한 물에 느긋하게 몸을 담그기를 권한다. 어느 정도를 따뜻하다고 느낄지는 사람에 따라 다소 차이가 있지만 40도 전후를 기준으로 하면 좋다.

따뜻한 물에 몸을 담그면 신체 표면의 혈액순환이 좋아지고 열이 방출되어 신체 내부의 온도, 즉 심부체온이 낮아진다. **심부체**

온을 낮춰야 깊게 잠들 수 있다.

우리 몸에서 심부체온을 낮추는 기능은 평소 자연스럽게 작동한다. 졸릴 때 이상하게도 손발이 따뜻해진다고 느낀 적은 없는가? 이것은 잠들기 위해 몸이 심부체온을 낮추려는 작용이다. 따뜻한 물에 몸을 담그면 그런 신체 작용을 촉진하는 셈이다.

인간은 신체 내부에서 열을 생산하고 손발 등 피부에서 열을 발산해 체온을 조절한다. 심부체온은 신체 내부의 체온으로, 깨어 있을 때는 심부체온을 높여서 신체활동을 유지하다가, 밤에 잘 때는 손발 등 피부에서 열을 발산해 심부체온을 낮춰서 신체활동을 쉬게 한다. 따라서 잠들 때는 손발이 따뜻해지는 현상이 나타나는 것이다.

입욕 시간은 잠자리에 들기 한 시간 전이 좋다. 느긋하게 즐긴 후에 심장박동을 가라앉히고 올라간 체온이 어느 정도 떨어질 때까지 기다렸다가 잠자리에 들면 기분 좋게 잠이 몰려온다.

십오 분 정도 족욕을 즐기는 것도 효과적이다. 다만 전신 입욕이든 족욕이든 42도 전후의 뜨거운 물을 사용해서는 안 된다. 오히려 교감신경의 활동이 강해져서 좀처럼 잠들지 못할 수 있으니 주의하기 바란다.

매일 30분 정도
가벼운 실내운동을
꾸준히 한다

어디까지나 가볍게 하는 운동을 의미한다. 가벼운 체조, 산책, 또는 스트레칭을 매일 삼십 분 정도 꾸준히 하는 것은 따뜻한 물로 목욕하기와 마찬가지로 **심부체온을 낮추는 데 목적이 있다.** 다만, 땀을 흘릴 정도로 격렬한 운동은 절대 해선 안 된다. 숨이 차오르거나 심장이 빠르게 뛸 정도의 운동은 역효과가 나기 쉽다. 가벼운 운동이라도 잠들기 두 시간 전까지는 마쳐야 한다.

회사에서 돌아오는 길에는 한 정거장 전에 내려서 천천히 산책하는 기분으로 걸으면 좋다. 특히 근무 시간의 대부분을 앉아서 일하는 사무직에게 추천한다.

발바닥을 눌러준다든지 팔다리를 살짝살짝 흔들어주는 것도 심부체온을 낮추는 데 효과적이다. 침실에서도 할 수 있는 운동이니 154쪽을 참고해 잠자리에 들기 전에 실천해보기 바란다.

① 온몸 탈력 운동

침대나 요 위에 큰대(大)자로 누워서 얼굴과 손발에 꽉 힘을 준다. 손은 주먹을 쥔다. 온몸에 힘을 빼고 축 늘어진다. 손은 편안히 편다. 이 동작을 5초씩 몇 번 반복한다. 제대로 힘이 빠졌다면 복식호흡을 한 후에 마친다.

② 발바닥 자극하기

엎드린 상태로 가족에게 발바닥을 20회에서 30회 정도 누르게 한다. 심장, 간장, 위장 등 내장과 직결되는 혈이 자극되어 혈액순환이 좋아지고 온몸이 따뜻해진다. 반원통의 나무토막 등을 밟아서 발바닥을 자극해도 좋다.

③ 다리 흔들기

천장을 바라보고 누워 가족에게 다리를 들어 올려 살짝살짝 흔들게 한다. 곧 잠이 몰려온다.

154

소소한 자기암시로
기분 좋게 잠든다

기분 좋게 천천히 잠들어가는 나를 상상해보자. 이는 자기 자신을 깊은 잠으로 유도하는 '자율훈련법'이라는 방법이다. 자율훈련법은 1932년에 독일의 정신과 의사인 J. H. 슐츠가 체계화한 심리 요법으로 마음을 안정시키는 것을 목적으로 한다. 피로 회복, 자기통제력 강화, 충동적인 행동의 감소, 신체 통증이나 정신적인 고통의 완화, 효능감이 높아지고 예민한 마음이 차분히 가라앉는 등의 효과가 있다고 알려져 있다.

자율훈련법을 수면의식으로 실행해보면 어떨까? 수면의식이 란 취침 전에 습관처럼 하는 행동이다. 사람에 따라 다르지만, 목욕을 하거나 음악을 듣는 등 여러 가지가 있다.

우선, 조용하고 어두운 방에서 천장을 보고 누워서 다음의 말을 떠올리며 상상하자.

- 나는 지금 편안하다.
- 오른팔이 무겁다, 왼팔이 무겁다, 양팔이 무겁다.
- 오른팔이 따뜻하다, 왼팔이 따뜻하다, 양팔이 따뜻하다.
- 심장이 규칙적으로 뛴다.
- 편안하게 숨을 쉰다.
- 배가 따뜻하다.
- 이마가 기분 좋게 서늘하다.

이 말을 하나씩 자신에게 들려주고, 그 모습이 머릿속에 떠오르면 다음으로 넘어가자. 자기암시가 제대로 작용하면 마음이 편안 해지며 잠이 온다. 자기암시를 거는 것만으로 잠이 드는 것이다.

깊은 잠을 부르는 방법 13
마법의 수면의식으로
걱정을 털고
내일을 준비한다

　　도저히 잠들지 못하는 사람 중에는 내일 일을 고민하는 사람들이 있다. 그런데 업무나 인간관계, 고민거리는 끝이 없다. 아무리 걱정해도 어쩔 수 없는 일이 아닐까? **걱정하기보다는 푹 자고 일어나 준비를 하는 편이 훨씬 낫다.**

　　이렇게 말해도 마음이 진정되지 않는다는 사실을 잘 안다. 그래서 마법의 수면의식을 소개하려고 한다.

내일 할 일을 적어보자

잠자리에 들기 전에 십 분 정도 시간을 내서 내일 할 일, 신경 써야 할 일 등을 적어보자. 일정표를 작성하는 것만으로도 기대 이상으로 안심이 돼서 잠이 들게 된다.

그 날 있었던 좋은 기억을 세 가지 떠올리자

스트레스가 쌓이면 아무래도 기분이 가라앉고 부정적으로 생각하게 된다. 그럴 때는 잠들기 전에 그 날 있었던 좋은 일을 떠올려보자. 예를 들면 반찬이 맛있었다거나, 편의점 직원이 상냥했다거나, 붉은 노을이 아름다웠다거나, 어떤 일이든 상관없다. 좋은 기분으로 잠드는 것이 중요하다.

내일 입을 옷이나 가져가야 할 물건을 준비해둔다

잠자리에 들기 십 분 전에 내일 입을 옷과 가져가야 할 물건을 준비해서 정해진 곳에 두자. 이미 내일 아침 준비를 마쳤다는 생각에 안심하며 잠들게 된다. 무엇보다 내일을 준비한다는 행동 자체가 긍정적인 기분이 들게 한다.

베개에 대고 일어나고 싶은 시간을 외친다

잠자리에 들기 전에 "내일이야말로 알람이 울리기 전에 일어나겠어!", "나는 내일 아침 6시에 일어날 거야!"라고 주문처럼 외치면서 정해진 횟수만큼 베개를 두드리자. 또는 알람을 설정해두고 "나는 네가 깨우기 전에 일어나겠어!"라고 큰 소리로 선언해도 좋다. 무슨 바보 같은 행동이냐고 생각할지 모르지만 이 역시 자기암시로, 생각보다 효과가 크다.

이러한 수면의식은 특별히 무엇이 좋다고 정해진 것은 없다. 자신에게 맞는 방법을 찾으면 된다. 종종 베개가 달라지면 잠을 이루지 못해서 여행이나 출장을 갈 때도 자기 베개를 가져가는 사람이 있다. 예전에 잡지 기사에서 읽었는데 유명 연예인 중에도 이런 사람이 있다고 한다. 이 역시 수면의식이다.

왼쪽으로 머리를 두어야 잠이 온다는 습관도 상관없으니 자신만의 수면의식을 만들어보자.

수면 시간을 확보하기 위해
무언가 하나쯤은 단념한다

당연한 말이지만, 아침에 좀처럼 일어나지 못하는 가장 큰 이유는 잠을 충분히 자지 못해서, 즉 자신에게 필요한 수면 시간을 채우지 못했기 때문이다. 그러면 왜 충분히 잠을 자지 못했을까? 하루를 돌아보고 생각해보길 바란다.

예를 들면 일이 산더미처럼 쌓여서 매일 늦게까지 야근을 해야만 끝이 난다거나, 이것저것 취미로 해보고 싶은 일들이 많아서 자기도 모르게 밤을 새운다거나, 친구나 동료와 즐기는 술자리 때문에 막차로 돌아오는 일이 많다거나, 주식투자를 해서 밤늦게까지 주가를 확인한다거나, 좋아하는 추리소설을 밤새 읽게 된다거나……

이유를 들자면 끝이 없다. 다만 언제까지고 그렇게 생활할 수는 없으니 가만히 생각해보자. 수면 시간을 확보하지 못하는 여러 가지 이유 중에서 절대 해야만 하는 일은 무엇일까? 사실은 하지 않아도 괜찮은 일이 있지 않을까? 제대로 정리해서 효율적으로 진행한다면 좀 더 시간을 단축할 수 있지 않을까?

이러한 관점에서 다시 생활을 돌아보자. 제대로 못 잔다면 능력을 최대한 발휘하지 못한다. 그뿐만 아니라 건강이 나빠지거나 피부가 거칠어지고, 수명이 단축될지도 모른다. 그렇게 되지 않도록 상쾌하게 잠에서 깨어나려면 **분명 무언가는 포기해야 한다.**

취미가 서너 가지라면 그중 한둘은 포기해도 되지 않을까? 동료와 술을 마시러 가는 일도 일주일에 한 번이면 족하지 않을까? 다른 사람에게 미움을 받을까봐 두려워서 또는 성공하기 위해서 이것저것 업무를 다 받아서 야근을 하기보다는 정말로 자기 능력을 발휘할 수 있는 일 하나에만 전력을 다하는 편이 낫지 않을까?

잠을 푹 자려면 무언가를 단념할 줄도 알아야 한다.

깊은 잠을 부르는 방법 15
수면제는 임시방편,
수면리듬을 바로잡는다

이삼 일에서 일주일 가깝게 도저히 잠들지 못하는 때가 있다. 다음 날 있을 월례회의 때문에 긴장해서 잠이 오지 않는다거나, 업무를 하다가 저지른 실수가 계속 머릿속을 떠나지 않아서와 같은 원인은 다양하다.

그러한 일시적인 불면증에는 시중에서 판매하는 항히스타민 계열의 수면 개선제를 복용해보는 것도 한 가지 방법이다. 다만 일주일 이상 불면증이 계속될 때는 주의하기 바란다. **상시 복용하면 약**

효가 떨어지기도 하므로, 어디까지나 임시방편으로 생각해야 한다.

또 수면제는 수면리듬이 흐트러졌을 때는 효과가 없다는 점을 기억하자. 예를 들면 아침 6시에 자서 낮 12시에 일어나는 생활을 오랫동안 해왔던 사람이 밤 12시에 자고 싶어서 밤 10시에 수면제를 먹는다고 해도 머리가 멍해질 뿐 잠들지는 않는다. 이럴 때 수면제는 효과가 없고, 수면리듬 자체를 바꾸어야 한다. 약은 증상에 따라 생활습관을 개선한 후에야 비로소 제대로 된 효과가 나타난다.

5장

따라만 하면
내일부터 상쾌하게
일어날 수 있다

아침을 바꿔줄
8가지 방법

아무리 잠을 잘 자도 아침에 일어나기 힘들 때가 있다. 그럴 땐 **우선 요즘 생활을 돌아보자.** 뜻밖에도 생활습관에 문제가 있는 경우가 많다.

혹시 잠을 자기 전에 습관적으로 술을 마시는가? 술을 마시면 바로 잠들기는 쉽지만, 아무래도 수면의 질이 나빠진다. 수면의 질이 떨어지다 보니 몇 시간을 자도 아침에 일어나기가 더 힘들다.

병이라고 하기는 그렇지만, 체질적으로 혈압이 낮은 편인가?

나도 아침에 일찍 일어나고 싶다

그런 사람은 좀처럼 가뿐하게 일어나지 못한다. 이를 개선하기 위해서는 삼시 세끼 꼬박꼬박 영양이 균형 잡힌 식사를 챙겨 먹고 적당한 운동을 해야 한다. 몸이 건강해야 좋은 기분으로 아침을 맞이할 수 있다는 사실을 명심하자.

생활습관을 개선했는데도 여전히 아침에 일어나기가 괴롭다면 다음에 소개하는 '상쾌하게 일어나는 8가지 방법'을 실천하기 바란다.

어느 것이든 어렵지 않은 방법이지만 놀라울 정도로 효과가 크다. 작심삼일에 그치지 않고 꾸준히 한다면 나중에는 아침에 그렇게 힘들어했던 자신을 스스로 이상하게 생각할지도 모른다. 4장에서 소개한 '깊은 잠을 부르는 방법'과 이번에 소개할 '상쾌하게 일어나는 방법' 중 몇 가지라도 꾸준히 실천한다면 지금까지와는 달리 깊은 잠을 자고 아침에 상쾌하게 일어나는 것은 물론 **회사와 가정 모두에서 성공**을 손에 넣게 될 것이다.

커튼을 살짝 걷고 잔다

아침에 일찍 일어나는 것은 햇빛과 밀접한 관계가 있다. 우리 몸의 생체시계는 주변이 밝아지면 자연스럽게 눈을 뜰 준비를 하기 때문이다.

나의 친구 중에는 어둡지 않으면 잠을 자지 못해서 덧창에 암 막커튼까지 치고 잠자리에 들던 사람이 있다. 하지만 좀처럼 아침에 기분 좋게 일어나지 못했다고 한다. 왜 그런지 원인을 몰랐는데, 무심코 암막커튼을 살짝 걷은 채 잠이 든 어느 날 커튼 사이로 들어오는 아침 햇빛 덕분에 가뿐하게 일어났다고 한다.

커튼이나 덧창을 치지 않은 채로는 잠자리에 들지 못하는 습관을 가진 사람은 약간만 생각을 달리하면 해결할 수 있다. 아주 조금이라도 좋으니 **아침이 됐을 때 햇빛이 머리맡에 닿을 정도로만 커튼을 살짝 걷어두고 자자.** 아침에 눈을 뜬 후에는 커튼을 완전히 걷고 방 안에 아침 햇빛이 가득 들어오게 하자. 머리가 멍하다가도 온몸으로 햇빛을 받으면 생체시계의 전원이 켜지면서 기분이 좋아진다.

태양의 힘을 빌려 눈을 뜨자. 아침 햇빛을 받으면 하루를 상쾌하게 시작할 수 있다!

나도 아침에 일찍 일어나고 싶다

누워서 간단하게
기상 체조를 한다

　매일 아침 라디오에서 나오던 국민체조를 기억하는가? 나이가 좀 있는 분이라면 어린 시절에 모두 모여서 국민체조를 했던 기억이 있을 것이다. 이 방법을 사용해보면 어떨까? 옛날을 생각하며 조금 빨리 일어나서 매일 체조를 습관화하면 확실히 아침에 일어나기가 쉬워진다. 아침 햇빛을 받으며 몸을 움직이면 몸과 마음이 모두 깨어나는 것을 몸소 느낄 수 있다.

　산책이나 가벼운 달리기를 일과로 삼아도 좋다. 아침 운동은 몸을 움직임으로써 교감신경을 활성화하고 체온을 높여서 몸을 깨우는 효과가 있다.

그뿐만이 아니다. 정신적으로도 '**일어나야 하는 동기가 생긴다**'는 큰 의미가 있다. '아침에 일어나면 우선 가볍게 체조를 하자. 기분이 좋아질 거야', '아침 산책을 할 때 날씨가 맑아 저 멀리 있는 산까지 보이면 얼마나 좋을까'라고 생각하는 것만으로도 일어나야 하는 즐거움이 생긴다. 자기 전에 하는 수면의식에 대응하는 기상의식으로 굉장히 효과가 있다.

아침에 일어나자마자 바로 운동하기가 어려운 사람, 저혈압으로 아침에 눈을 떠도 바로 이불 밖으로 나오지 못하는 사람은 이불 속이라도 상관없으니 우선 할 수 있는 만큼만 몸을 움직여보자.

예를 들면 누운 채로 양손을 쥐었다 폈다 하는 것만으로도 효과가 좋다. 그렇게 하고 난 후에 발끝을 살짝 올렸다 내렸다 해보자. 이렇게 하면 몸의 여러 부분이 움직이게 된다. 그리고 적당한 기회에 "에잇!" 하고 기운차게 일어나 이불 밖으로 나오면 된다. 174~176쪽에 **누워서 간단하게 실천할 수 있는 기상 체조**를 소개했으니 참고하기 바란다. 이불 속에서 누운 채로 할 수 있을 만큼 굉장히 간단하

나도 아침에 일찍 일어나고 싶다

다. 아침 운동이나 산책은 이불 속 체조가 익숙해지고 난 다음에 해도 상관없다.

눈을 뜨고 나서 전혀 몸을 움직이지 않으면 자율신경 체제가 교감신경 우위로 전환되지 않는다. 혈압도 올라가지 않고 체온도 그대로인 채 몸이 납덩이처럼 무겁게 느껴져 좀처럼 가뿐하게 일어나지 못한다.

눈을 떴을 때 바로 일어나지 않아도 괜찮다. 우선은 누운 채 조금씩 몸을 움직여서 일어날 준비를 해보자. 각각의 체조를 몸 상태에 맞춰서 5~10회 정도 하자.

① 손발을 쥐었다 폈다 하기

천장을 보고 누워 심호흡을 하며 몸을 쭉 펴고 양손을 머리 위로 뻗는다. 그 상태에서 손을 쥐었다 펴기를 반복한다. 다음으로 발을 오므리거나 쫙 펴기를 반복한다.

② 엉덩이 들어 올리기

천장을 보고 누운 채 양 무릎을 세우고 천천히 엉덩이를 들어 올렸다가 내린다.

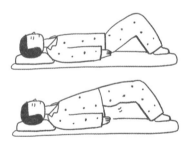

③ 베개를 들고 반원 그리기

천장을 보고 누운 채 양손을 쭉 뻗어서 머리 위로 베개를 단단히 잡는다.
팔꿈치를 편 채 천천히 반원을 그리듯이 베개를 배 앞쪽까지 가져왔다가 다시 머리
위로 가져가는 동작을 반복한다.

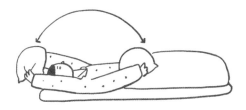

④ 베개를 올렸다 내리기

가슴 앞에서 베개를 들어 위아래로 올렸다 내렸다 한다.

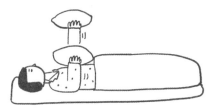

⑤ 손발을 올렸다 내리기

엎드려서 오른손을 들어 올려 5초 동안 유지한다.
다음으로 오른발을 들어 올려 5초 동안 유지한다.

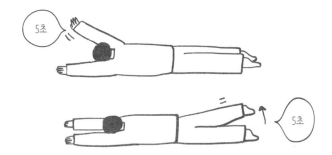

몇 번을 반복한 후 왼손, 그리고 왼발을 차례로 들어 올린다.

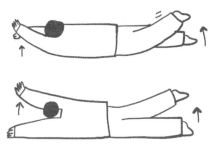

오른손과 왼발, 왼손과 오른발, 오른손과 오른발, 왼손과 왼발 등 여러 가지 조합으로
들어 올렸다가 내려보자.

나도 아침에 일찍 일어나고 싶다

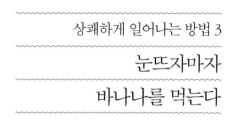

저혈압뿐만 아니라 저혈당 상태 역시 아침에 좀처럼 기분 좋
게 일어나지 못하는 원인이다. 전날 저녁식사를 하고 열 시간 정도
가 지나면 **혈당치가 떨어져서 뇌도 에너지가 부족한 상태가 된다.** 눈
을 뜨고 나서 정신을 맑게 하기 위해서는 가능한 빨리 에너지를 보
충해야 한다.

물론 아침식사를 준비해주는 가족이 있다면 아침을 맛있게
먹으면 되겠지만, 혼자 사는 사람들 대부분은 집에서 나서야 하는

시간이 임박할 때까지 잠을 자기 때문에 아침을 거르는 일이 많다.

그런 사람은 자기 전에 머리맡에 바나나 하나를 준비해두자. 사실 그리 좋은 행동은 아니지만, 아침에 눈을 뜨자마자 이불 속에서 바나나를 먹으면 혈당치가 높아진다. 그러면 먹자마자 바로 눈이 확 떠지지는 않아도 이십 분에서 삼십 분 정도 지나면 위가 활동하기 시작하고 몸도 각성 상태에 들어선다. 오전 내내 버틸 만한 정도는 아니지만, 아침 첫걸음을 내딛기 위한 에너지는 보충된다.

머리맡에 준비하는 음식은 바나나가 아니어도 상관없다. 당분을 빨리 뇌에 공급하는 것이 목적이기 때문에 쿠키나 초콜릿, 오렌지 주스라도 좋다. 어떤 것이든 좋으니 준비해두었다가 눈뜨자마자 먹도록 하자.

아침 껌 씹기로
졸음을 쫓아낸다

무언가를 씹으면 졸음이 가시고 집중력이 높아지는 효과가 있다. 예를 들면 아침에 일어나서 바로 카페인이 함유된 껌을 씹으면 턱 근육이 활발하게 움직여서 **감각신경을 자극해 졸음을 쫓아준다.** 운전할 때 졸음 방지를 위해 껌을 씹는 것도 같은 원리이다.

그렇다고 해서 자기 전에 껌을 씹으면 마음이 안정되기는커녕 눈이 또렷해지니 부디 주의하기 바란다. 청량감이 있는 껌을 골라서 아침에 눈을 떴을 때 씹는 것이 현명한 방법이다.

차가운 물로 얼굴을,
따뜻한 물로 전신을
자극한다

아침에 일어나면 우선 차가운 물로 얼굴을 씻는다. 평범한 생활습관이지만 상쾌하게 아침을 맞이하는 데 굉장히 효과적인 방법이다. **차가운 물로 얼굴 피부를 자극**하면 교감신경계에 전원이 켜지면서 각성 상태로 들어선다.

그런 의미에서는 수건 마찰도 좋고 전신 샤워도 매우 효과적이다. 굳이 찬물이 아니어도 괜찮다. 따뜻한 물로 전신을 자극해도 졸음을 떨칠 수 있다. **약간 따뜻한 물을 욕조에 채워 잠깐 몸을 담갔**

더니 활기차게 오전 시간을 보내고 업무를 처리하는 데 도움이 됐다는 말도 종종 듣는다.

일본에는 '아침 잠, 아침 술, 아침 목욕을 너무 좋아해서 신세를 망쳤다. 최고다, 최고야'라는 노랫말이 있을 만큼 아침 목욕은 기분 좋은 일인 듯하다. 도가 지나쳐서 생활에 지장을 준다면 곤란하겠지만, 바쁘게 움직이는 현대인에게는 기상의식으로 추천할 만한 생활습관인지도 모르겠다.

탄수화물과 단백질 중심의
아침 식사로 뇌를 깨운다

아침 식사는 저녁 식사 후 열 시간 정도 지나서 공급이 끊어진 에너지를 뇌에 전달하는 방법이다. 아침을 거르는 사람이 많은데, 혈당치를 높이고 수면 중에 내려간 체온을 다시 높이기 위해서라도 아침 식사는 거르지 말고 챙겨야 한다.

그러면 아침 식사로 어떤 음식을 먹으면 좋을까? 우선은 밥이나 빵과 같은 탄수화물, 체온을 상승시키는 단백질을 주식으로 한다. 갓 지은 밥에 구운 생선처럼 양념하지 않은 생선요리, 된장국과 같은 **전통적인 밥상이 이상적**이다.

바쁜 아침에 밥과 반찬 중심의 식사를 준비하기 어려우면 토스트에 햄과 달걀, 아니면 삶은 달걀과 치즈, 바나나와 우유 같은 간단한 식사도 괜찮다. 여하튼 아침 식사를 하는 것이 중요하다.

참고로, 섭취한 음식이 포도당으로 분해되어 뇌에 도달할 때까지는 약 두 시간이 걸린다. 아침 8시에 집을 나선다면 가능하면 6시에 아침 식사를 하길 바란다. 너무 일찍 일어나면 식욕이 없다고 생각하는가? 그렇지 않다. 잠들기 세 시간 전에 저녁 식사를 끝내고, 게다가 배의 80퍼센트만 채운 후에 충분히 잠을 잤다면 눈을 떴을 때 분명 배가 고프다고 느낄 것이다.

커피보다 홍차,
홍차보다 녹차로
정신을 깨운다

카페인의 각성 효과는 이미 잘 알려져 있다. 섭취 후 약 삼십 분에서 사십 분이 지나면 효과가 나타나고 네 시간에서 다섯 시간 동안 효과가 이어지므로 카페인은 아침 일찍 정신을 깨우는 강력한 도우미이다. 카페인이 함유된 식품으로는 커피, 홍차, 녹차가 있다.

아무것도 먹지 않고 진한 커피를 마시면 위장병에 걸릴 수도 있으니 가능하면 아침 식사 후에 마시자. 만약 아침 식사를 걸렀다 면 적어도 비스킷 한두 개 정도를 먹은 후에 커피를 마시거나, 커피만 마실 때는 우유를 많이 넣어서 마시도록 하자.

카페인 식품 하면 아무래도 커피를 가장 먼저 떠올리지만, 일본 식품표준성분표에 따르면 드립커피의 경우 카페인 함유량은 100밀리리터 중 40밀리그램에 불과하다. 홍차는 50밀리그램이고 우롱차, 센차(일본을 대표하는 잎녹차), 호우지차(센차를 강한 불로 볶아 만든 차)는 20밀리그램 정도가 된다. 비율로 따지면 각각 0.04퍼센트, 0.05퍼센트, 0.02퍼센트에 불과하다. 뜻밖일지도 모르지만, **커피보다 홍차에 더 많은 카페인이 포함**되어 있다.

커피와 홍차 이상으로 효과적으로 카페인을 섭취할 수 있는 음료가 있다. 녹차 중 최상품으로 알려진 옥로차는 놀랍게도 100밀리리터 중에 카페인이 160밀리그램, 즉 0.16퍼센트나 들어 있다. 그런 의미에서 값은 비싸지만 잠을 깨는 데는 옥로차가 가장 효과가 있다고 하겠다.

참고로, 옥로차를 맛있게 마시기 위해서는 60도 정도의 따뜻한 물, 찻잎에 따라서는 40도 정도의 따뜻한 물로 우려내면 좋다.

탄수화물과 단백질 중심의 식사와 녹차가 멍한 뇌를 깨운다.

아침이 기대되는
일을 찾아 매일 실천한다

어린 시절 소풍날 아침이면 일찍 눈이 떠지던 경험은 누구나 있을 것이다. 이는 어른이 되어서도 변하지 않는다. 골프나 여행을 가는 날은 알람이 울리기도 전에 일어난다. 인간은 좋은 일 앞에서 긍정적으로 변하는 존재라 무언가 즐거운 일이 있으면 가뿐하게 일어나기 마련이다.

그런 특성을 활용해서 아침에 즐겁다고 느낄 만한 일을 만들면 어떨까? 예를 들면 근처 공원으로 산책을 가보자. 아침 일찍 상쾌한 공기를 마시며 걷고, 꽃이나 나무를 보면 계절을 느낄 수 있고 즐거움도 늘어난다.

아침 공원에는 신기하게도 다양한 사람들이 오지만 자주 보게 되는 사람들도 있다. 산책의 횟수가 늘어날수록 스쳐 지나가던 사람들과 어느새 인사를 나누게 되고, 새로운 인간관계를 맺는 일도 생긴다. 다른 사람들과 만나면서 **새로운 자신을 발견하는 기회**가 되기도 한다.

최근 혼자 사는 사람들 중에 반려동물을 키우는 사람이 많아지고 있다고 한다. 반려견을 키우면 아침 산책이 필요하다. 반려견은 주인이 일어나기를 학수고대한 듯 꼬리를 흔들며 달려든다. 반려견의 그런 모습을 본다면 아침에 일찍 일어나는 보람도 생기고 괴로웠던 아침도 즐거워진다.

어느 여배우가 TV 프로그램에서 이런 얘기를 했다. 그녀는 굉장한 술꾼이어서 아침이면 숙취 때문에 산책하러 나가기가 힘들지만, 큰맘 먹고 남편과 함께 반려견을 데리고 산책하러 나간다고 한다. 반려견을 데리고 온 다른 사람들과 아침 인사를 나누는 것만으로도 기분이 좋아지고, 그녀를 배우가 아닌 그저 평범한, 반려견을 키우는 사람으로 봐주는 시선도 마음을 편하게 해준다고 한다.
또 남편과 대화도 늘었다고 한다. 이처럼 아침 산책의 효과는 매우
크다.

어떤 일이든 좋다. 아침이 즐겁다고 생각되는 일을 찾아 바로
시작해보자.

상쾌한 아침맞이의 첫걸음,
나의 수면
유형 진단하기

수면 유형을 진단하고
대처법을 안다

　　아침에 일어나기 힘들어하는 원인을 안다고 해도 정작 본인
이 어떤 상태인지 모른다면 대책을 세우지 못한다. 여기에서는 아침
에 일어나기 괴로워서 고민하는 현재 상태를 정확하게 파악하고 효
과적인 대처법을 알아본다.

　　다음에 소개하는 수면 유형 진단표는 기초질문으로 시작해
질문 A에서 P까지 이어진다. **기초질문은 아침에 일어나기 힘들어진
원인을 발견하는 첫걸음**이다. 언제부터 아침에 일어나기가 힘들어

졌는지, 그 시기에 무슨 일이 있었는지, 지금은 어떤 수면리듬으로 생활하는지를 생각해보자. 그렇게 하는 것만으로 문제점을 발견하기도 한다. 그리고 질문 A에서 P까지를 읽고 자신에게 해당하는 항목에 표시한 후 마지막으로 '수면 유형별 대처법'을 읽어보기를 바란다.

수면 유형 진단하기

◆ 기초질문 ◆

수면 상태가 어떻게 변화했는지를 생각해보자. 이렇게 하는 것만으로도 아침에 일어나기가 힘들어진 원인을 알 수 있다.

Q. 언제부터 아침에 일어나기가 힘들어졌는가?

　　□□세 □□월부터

Q. 가뿐하게 일어났던 때의 취침 시간과 기상 시간은?

　　취침 시간 □□:□□　기상 시간 □□:□□

Q. 아침에 일어나기가 힘들어진 후의 취침 시간과 기상 시간은?

취침 시간 □□:□□ 기상 시간 □□:□□

Q. 아침에 일어나기가 힘들어진 시기, 그 전후로 변화한 점을 적어

보자.(생활습관, 환경, 몸 상태, 기분)

◆ 질문 A에서 P까지 읽고 해당하는 항목에 표시하자. ◆

질문 A

□ 점심 식사 후에 굉장히 졸리고, 잠깐 잠을 자면 머리가

맑아진다.

□ 휴일에는 평일보다 두 시간 이상 더 잔다.

□ 긴 휴가를 받아 푹 자는 날이 계속되면 그제야

몸 상태가 좋아진다.

질문 B

□ 수면 시간이 좀 더 짧았을 때 상쾌하게 일어난다.

□ 눈은 뜨지만 이불 속에서 나오지 못하고 다시 잠을 잔다.

□ 학생이거나 아르바이트로 생활하며, 깨워주는 가족이

   없다.

□ 낮잠을 한 시간 이상 잔다.

질문 C

□ 가끔 야근을 한다.

□ 해외 출장이 잦다.

□ 주간 근무일 때와 야간 근무일 때 기상 시간이 세 시간

   이상 차이가 난다.

질문 D

□ 항상 새벽녘이 되어야 잠든다.

□ 오전 중에는 머리가 멍하고 어질어질하다. 지각도 잦다.

□ 저녁이 되면 몸 상태가 좋아진다.

□ 철야를 해도 일찍 잠들지 못하고 다음 날 새벽녘에야 잠든다.

질문 E

□ 수면 시간은 일정하지만 자는 시간대가 매일 한두 시간씩 늦어진다.

□ 어째서인지 일어나는 시간이 제각각이다.

질문 F

□ 암막커튼이나 덧창을 닫고 잠자리에 든다.

□ 침실에 창문이 없다.

□ 일주일에 세 번 이상 저녁 9시 이후에 편의점에서 장을 본다.

□ 자기 직전까지 TV를 보거나 게임, 컴퓨터를 한다.

□ 조명이나 TV를 켜둔 채 잠드는 때가 많다.

질문 G

□ 귀가가 늦고 밤 11시 넘어서 저녁을 먹는다.

□ 아침을 먹지 않는 대신 저녁에 고기나 기름진 음식을

주로 먹는다.

□ 술을 마신 후에 라면을 즐겨 먹는다.

질문 H

□ 잠들기 전에 술을 한잔하는 습관이 있다.

□ 저녁 반주로 꽤 많이 마신다.

□ 담배를 끊지 못한다.

□ 커피, 홍차 등을 매일 다섯 잔 이상씩 마신다.

질문 I

□ 어깨 결림, 두통으로 고민한다.

□ 최근 학교나 직장, 집 등 생활환경이 변했다.

□ 귀가 후 휴식 시간 없이 잠든다.

□ 부부관계가 좋지 않다.

□ 항상 업무가 쌓여 있다.

질문 J

□ 아토피나 천식, 꽃가루 알레르기 등의 증상이 있다.

□ 자다가 화장실에 가려고 깰 때가 있다.

□ 신체에 통증이 있다.

질문 K

□ 전철을 타면 두 정거장도 지나지 않아 잠이 든다.

□ 중요한 회의나 수업인 줄 알면서도 어느새 꾸벅꾸벅 졸게 된다.

□ 낮에 운전하다가 졸음이 몰려와서 섬뜩했던 적이 몇 번 있다.

질문 L

□ 잘 때 코를 심하게 골고, 가끔 숨을 쉬지 않는다는 얘기를 들었다.

□ 밤중에 몇 번이고 화장실에 간다.

나도 아침에 일찍 일어나고 싶다

□ 충분히 자도 아침에 계속 졸려서 일어나지 못한다.

□ 일어날 때 머리가 무겁거나 목이 건조하다고 느낀다.

□ 비만 경향이 있다.

질문 M

□ 업무(또는 학교 수업)가 재미없다.

□ 업무량(또는 학습량)이 너무 많아서 다 처리할 자신이 없다.

□ 주변의 기대에 응할 자신이 없다.

□ 만나고 싶지 않은 사람이 있다.

□ 피곤해서 좀 더 자고 싶다.

□ 열심히 하는데 인정받지 못한다고 생각한다.

□ 다른 사람은 이해하지 못하지만, 일어나고 싶지 않은 이유가 있다.

질문 N

□ 아침에 일찍 눈을 뜬다.

□ 기분이 가라앉고, 무언가 하고 싶은 의욕이 생기지 않는다.

□ 이전에는 좋아했던 일인데 이제는 즐겁지 않다.

□ 식욕이 없다.

□ 성욕이 감퇴한다.

□ 가족이나 친구와 얘기하는 것도 귀찮다.

□ 재빨리 대답하거나 움직이지 못한다.

□ 사소한 일도 판단하지 못하고 고민한다.

□ 언제나 피곤하고 힘들다.

□ 업무나 공부, 가사에 집중할 수 없다.

□ 살아갈 가치가 없다고 느낀다.

□ 살아가기가 힘들고 귀찮다.

질문 O

□ 늦가을이나 겨울이면 아침에 눈뜨기가 더 괴롭다.

□ 겨울이 되면 기분이 가라앉고 우울하다.

□ 겨울이 되면 간식을 많이 먹는다.

질문 P

□ 생리하기 전 일주일 동안은 좀처럼 잠들지 못하고 온종일 멍하다.

□ 생리가 시작되면 불쾌함 때문에 아침에 일어나지 못한다.

□ 임신을 한 후에 졸음을 참지 못한다.

□ 출산한 지 얼마 되지 않아서 육아에 대한 고민이 많다.

~~~~~~

수면 유형별 대처법

◎ 질문 A에 표시했다면 적정 수면 시간을 채우지 못하고 있다는 것이다

질문 A에서는 수면 시간이 부족한지 충분한지를 파악할 수 있다. 만약 이 질문에 표시한 항목이 있다면 **수면 시간이 부족해 아침에 일**

어나지 못할 가능성이 크다.

여덟 시간은 자니 괜찮다고 단정 짓지 말자. 건강한 생활을 하는 데 필요한 적정 수면 시간은 사람마다 다르다. 자신에게 꼭 필요한 수면 시간을 줄여서는 안 된다. 여섯 시간만 자도 충분한 사람이 있는가 하면, 열 시간은 자야 괜찮은 사람도 있다.

자신에게 필요한 수면 시간이 어느 정도인지를 아는 것이 중요하다. 휴일에 평일보다 두 시간 이상 더 잠을 잔다면 평일에 부족했던 잠을 어떻게든 채우려고 한다는 증거다. 긴 휴가를 받아 푹 자고 나니 몸 상태가 좋아졌다면 그만큼이 필요한 수면 시간이라는 의미다.

우선 기분 좋은 상태로 생활할 수 있는 수면 시간을 파악하고 그만큼의 수면 시간을 확보할 수 있도록 취침 시간을 정하는 것부터 시작하자.

◎ 질문 B에 표시했다면 지나치게 많이 자서 잠이 얕아졌을 수 있다

질문 B는 필요 이상으로 너무 많이 잠을 자는 것은 아닌지를 확인하

나도 아침에 일찍 일어나고 싶다

는 질문이다. 네 가지 항목 중에서 하나라도 해당하는 사람은 **잠을 너무 많이 자다 보니 오히려 잠이 얕아져서 일어나기 힘들어진 경우**라고 생각된다.

우선 매일 조금씩 수면 시간을 줄여보길 바란다. 분명 어느 단계에서 푹 잠이 들고 기분 좋게 일어나게 될 것이다. 그 정도가 적정 수면 시간이다.

하지만 나쁜 생활습관이 계속된 탓에 수면의 질이 떨어져 일어나기 힘들어졌을 가능성도 있다. 그런 경우에 수면 시간을 조절한다면 오히려 수면 부족에 빠질 수 있다. 그러니 생활습관을 살펴보고 개선할 점이 있다면 그것을 우선 고쳐야 한다. 또 우울증이나 어떤 병이 있을 수 있으니 수면 시간을 줄여도 좀처럼 효과가 나타나지 않는다면 내과나 신경정신과를 찾아 진단을 받아보자.

◎ 질문 C에 표시했다면 밤낮이 바뀌었다는 의미다

질문 C에서는 사회생활이 생체시계에 제대로 맞춰져 있는지를 확인할 수 있다. 질문 C의 항목에 해당하면서 아침에 일어나기가 힘들다면 **생체시계가 고장나지는 않았어도 실제로 생활하는 시간대와 맞지 않을 가능성**을 의심해야 한다. 야간 근무만 하는 직업이라면 온전히 밤낮이 바뀌니 어떻게든 수면리듬을 맞춰보겠지만, 질문에서처럼 가끔 밤샘 근무를 하고 해외 출장으로 시차 적응을 해야 하는 상황이 반복된다거나 교대 근무를 계속하면 이를 계기로 수면리듬이 크게 무너져 수면 부족이 되고 부정맥이나 고혈압 등 심각한 상태에 빠질 위험성이 커진다. 이를 막기 위해서는 다음과 같은 노력을 해보자.

① 야간 근무가 끝나고 아침에 귀가할 때 선글라스를 낀다 : 강한 빛이 눈에 들어오면 생체시계의 전원이 켜지니 선글라스로 햇빛을 막는다. 생체시계의 활동을 조금이라도 늦춰서 수면 시간을 확보하기 위한 방법이다.

② 낮에 암막커튼을 치거나 덧창을 닫는다 : 빛이나 소리를 차단함

으로써 조금이라도 질이 좋은 수면을 확보한다.

③ 생체시계는 25시간을 기본으로 한다는 사실을 기억하자 : 생활주기를 뒤로 미루기는 비교적 쉽다. 따라서 회사에 요청해서 주간 근무, 오후 근무, 야간 근무, 새벽 근무의 순서로 근무조를 배정받으면 조금은 상황을 개선할 수 있다.

◎ 질문 D에 표시했다면 생체시계가 고장났다는 의미다

이 질문 역시 생체시계가 제대로 작동하는지를 알아본다. 질문 D의 항목에 하나라도 표시를 한 사람은 **건강한 사람보다 생체시계가 몇 시간에서 반나절 정도로 늦어졌을 가능성**이 있다.

종종 올빼미형이라거나 밤에 더 창의력이 발휘된다고 주장하는 사람들이 있는데, 이런 사람들은 보통 회사나 학교에서 능력을 온전하게 발휘하기 어렵다. 4장과 5장을 다시 읽고 수면의 질을 개선해서 생활리듬과 생체시계가 맞도록 조절해야 한다. 그래도 올빼미형 생활을 개선하지 못한다면 생체시계가 고장났을 가능성이 크다. 올빼

매일 조금씩 생체시계를 조절하는 것이 좋은 수면을 부르는 열쇠다!

나도 아침에 일찍 일어나고 싶다

미형에게 적합한 직업으로 이직하는 것도 고려해보자. 그것이 어렵다면 수면 전문의의 지도를 받으며 치료해야 한다.

생체시계가 고장이 나서 일단 수면리듬이 무너지면 이를 다시 되돌리기는 정말 힘들다. 수면제도 듣지 않는다. 그럴 땐 '일광치료'라고 해서 생체시계에 영향을 주는 멜라토닌을 투여하거나 취침 시간, 기상 시간, 하루 중 활동을 어떻게 할지 등 지도를 받는다. 생체시계의 리듬이 안정될 때까지는 반년 정도가 걸린다.

망가진 생체시계를 원래대로 되돌리기란 굉장히 어려운 일이다. 생체시계가 망가지지 않도록 스스로 실천할 수 있는 생활 개선 방법을 오늘부터 당장 실행하자.

◎ 질문 E에 표시했다면 수면일지를 써보자

질문 E에 표시한 항목이 있다면 우선 일주일 동안 수면 시간을 기록하고 취침 시간과 기상 시간을 확인해보자. 잠을 자는 시간대가 늦어지거나 일어나는 시간이 제각각인 상태가 몇 개월 이상 계속되었

다면 '비 24시간 수면-각성 증후군'이나 '불규칙 수면-각성 양상'을
의심해볼 필요가 있다. 수면 전문의의 도움이 필요하니, 수면일지를
가지고 상담을 받아야 한다. 필요하다면 209쪽에 소개하는 수면일
지를 사용해보자.

◎ 질문 F에 표시했다면 햇빛 쐬기에 신경 써야 한다

이 질문으로 생활습관 중에서도 빛과 관련해 나쁜 습관이 있는지를
파악할 수 있다. 질문 F의 항목에 하나라도 표시한 사람은 우선 생
활습관 개선에 신경 쓰기 바란다. 햇빛을 쐬어야 할 시간대에 어두
운 곳에 있다든지, 밤에 너무 밝은 곳에 있거나 광원을 바라보는 생
활을 계속한다면 제대로 잠들지 못하는 것이 당연하다. 그런 생활이
지속될수록 생체시계의 리듬이 흐트러지고 결국 생체시계가 고장
날지 모른다.

◎ 질문 G에 표시했다면 아침밥을 챙겨 먹자

나도 아침에 일찍 일어나고 싶다

(시) 0	/ (월)	/ (화)	/ (수)	/ (목)	/ (금)	/ (토)	/ (일)	(요일)
2								
4								
6								
8								
10								
12								
14								
16								
18								
20								
22								
24								
잠들기까지 걸리는 시간								
수면 시간								

수면일지를 올바르게 사용하는 법

① 그 날 잠든 시간을 까맣게 색칠한다(■).

② 이부자리에 누워도 잠을 이루지 못한 채 눈을 뜨고 있는 시간에 빗금을 긋는다(////).

③ 낮에 심하게 졸리다면 기록한다.

④ 일주일 동안의 기록을 보고 평일과 주말의 수면 상황을 비교해본다.

질문 G는 식사 습관을 조사해보는 질문이다. 만약 질문 G에 표시한 항목이 하나라도 있다면 '아침에 일어나지 못한다 → 아침밥을 거른다 → 오전 시간에 몸 상태가 좋지 않다 → 야근을 한다 → 스트레스를 풀기 위해 술을 마신다 → 저녁식사 시간이 늦다 → 수면의 질이 나빠진다'는 악순환에 빠졌을 가능성이 있다. 우선은 자신이 표시한 나쁜 식습관을 그만두는 노력을 하자.

◎ 질문 H에 표시했다면 술이나 담배를 끊어야 한다

질문 H의 항목에 표시했다면 기호품을 너무 즐기지 않도록 주의하기 바란다. 여기에서 손꼽은 항목은 기호품 중에도 특히 수면과 관계가 깊은 품목이다.

커피, 녹차 같은 카페인 함유 식품은 적정량만 섭취하고, 잠자리에 들기 세 시간 전부터는 섭취를 삼가야 한다.

술이나 담배와 같은 기호품은 스트레스를 줄이는 효능이 있지만 역시 정도의 문제가 있다. 도가 지나치면 나쁜 생활습관밖에 되지 못한다. 애연가들의 말대로 담배가 정신을 안정시키는 효과를 부정하지는 못한다. 하지만 니코틴 섭취가 신경을 각성시키는 데 영향을 준다는 점은 의학적으로도 증명되었다. **담배를 피우고 8초 후에는 니코틴이 뇌에 도달하고, 이 각성 상태는 삼십 분 정도 이어진다.** '잠들기 전 담배 한 대'는 잘못된 습관이다.

잠자기 전에 술을 마시는 것 역시 금지해야 한다. 저녁 반주로 가볍게 마시는 것은 괜찮지만, 적정량을 넘겨서는 안 된다.

술을 마시면 담배를 피우게 된다는 점이 문제다. 최근에는 금연 구역이 확대되고 근무 시간에 담배를 피우지 못하는 탓인지 오후가 되면 마치 울분을 토해내듯 줄담배를 피우는 사람들을 보게 된다. 담배를 피울 때야 물론 만족스럽겠지만 스스로 나쁜 잠을 부르는 셈이다.

술, 담배 어느 쪽이든 끊는 게 좋지만, 우선은 술을 마실 때만이라도 담배를 참는 노력부터 시작하자. 참고로, 금연클리닉을 운영하는 병원이 많으니 혼자 힘으로 담배를 끊지 못하겠다면 상담을 받아보기를 권한다.

◎ 질문 I에 표시했다면 마음을 편안하게 해서 스트레스를 풀자

질문 I는 평소에 몸과 마음의 스트레스를 제대로 푸는지를 살핀다. 하나라도 표시가 된 항목이 있다면 주의하자. **자기도 모르는 사이에 스트레스가 쌓였을 가능성**이 크다.

좀처럼 잠들지 못하고 밤중에 눈을 뜨게 된다는 등의 자각증상이 있는 사람은 생활을 되돌아보고 스트레스의 원인을 찾아내서 해결해야 한다. 특별히 짐작이 가는 원인이 없는데 잠자리에 들어도 삼십 분 이상 잠들지 못한다면 자기도 알지 못하는 사이에 스트레스를 받으면서도 해소하지 못해 긴장한 상태일 수 있다. 4장, 5장을 다시 읽어 마음을 편하게 하는 법을 찾기 바란다.

◎ 질문 J에 표시했다면 몸 상태가 정말 괜찮은지 진료를 받자

아토피나 천식 증상이 있다고 하면 원인이 명백하지만, 다른 항목에 표시를 한 사람도 무언가 질병이 있을 가능성이 있다. 수면의 질이 어떻다고 하기 전에 본인이 느끼는 증상을 특정하고 서둘러 치료를 받기 바란다.

◎ 질문 K에 표시했다면 치료가 필요한 수면 장애가 있을 수 있다

특별한 스트레스가 없고 충분히 잠을 자는데도 질문 K에서 표시한 항목이 하나라도 있다면 수면 시 무호흡 때문에 수면이 부족해진 유형이든지, 특발성 과다수면증이나 기면증 때문에 낮에도 졸리는 유형이라고 생각된다. 무엇을 하든 아무 예고도 없이 마치 기절하듯 잠들어버리기 때문에 운전을 할 경우 큰 사고를 일으킬 위험성도 있다. 빨리 수면 전문의의 진찰을 받고 치료를 시작하기 바란다.

◎ 질문 L에 표시했다면 수면 무호흡증을 의심하자

이 질문은 질식형, 즉 수면 무호흡증이 아닐까를 의심하는 질문이다. 두 개 이상의 항목에 표시했다면 그 가능성이 크다. 해당하는 사람은 한시라도 빨리 병원을 찾아 진료를 받아야 한다.

◎ 질문 M에 표시했다면 심리적인 문제가 무엇인지를 살펴자

이 질문에서는 정신적인 상태를 살핀다. 육체적으로는 아무런 문제가 없는데 아침에 눈을 떠도 이불 밖으로 나오지 못하고 꾸물대는 사람은 무언가 심리적인 문제로 고민하는 경우가 많다. 하지만 이 질문 항목에 표시한 사람은 문제점을 깨닫고 있으므로 대처하기가 그리 어렵지 않다. 마찬가지로 심리적인 문제가 있는데도 좀처럼 이유를 떠올리지 못한 채 아침을 힘들어하는 사람도 많다. 그런 사람은 '어차피 나라는 놈은……', '나는 형편없는 인간이니까', '이 세상에서 사라지는 편이 좋아'라며 점점 자기혐오에 빠져 몸과 마음 모두가 엉망진창이 될 위험성이 높다.

이유를 안다면 대처하기 쉽다. 어째서 일어나고 싶지 않은지 그 이유에 표시가 되었을 테니 거기에서 해결의 실마리를 찾자. 문제 해결을 꾀하는 동시에 4장, 5장을 다시 읽어서 질이 좋은 수면을 확보하기 바란다. 깊은 잠을 자게 되면 기분도 긍정적이 되고 놀랄 정도로 문제도 쉽게 해결된다.

◎ 질문 N에 표시했다면 스트레스의 원인을 찾아보자

스트레스가 원인이 되어 아침에 일어나기 어려운 상태다. 스트레스를 그대로 내버려두면 점점 심각해져서 스트레스성 질환이나 우울증으로 발전하는 경우가 있다. 질문 N은 그런 징후가 있는지를 찾는 질문이다. 질문 항목 중 여섯 개 이상의 증상이 2주 이상 계속된다면 우울 경향 또는 우울증의 가능성이 있다. 가능한 빨리 신경정신과를 찾아 진료를 받는 편이 좋다. 빨리 발견할수록 약물 복용이나 의사의 생활 지도 등으로 비교적 쉽게 치료가 된다.

참고로, 우울증은 마음의 감기라고 불릴 정도로 꽤 일반적인 질병이다. 겁먹지 말고 가벼운 마음으로 진단을 받았으면 한다.

◎ 질문 O에 표시했다면 계절성 우울증을 의심하자

약간 특수한 사례이긴 하지만, 계절성 우울증의 가능성을 알아보는 질문이다. 늦가을부터 겨울에 걸쳐 일조 시간이 줄어드는 시기에는 건강한 사람이라도 어쩐지 기분이 가라앉곤 한다. 그 정도로 인간은 계절, 즉 자연과 밀접한 관계가 있다.

이 항목에 표시를 한 증상으로 괴롭다면 심리치료를 받기 바란다. 빛을 사용한 치료 등으로 상태가 나아질 수 있다.

◎ 질문 P에 표시했다면 무리하지 말고 몸을 쉬어주자

마지막 질문은 여성에게만 나타나는 증상이다. 이 질문 항목에 표시했다면 '여성호르몬형'이라고 생각하면 된다. 어느 쪽이든 여성호르몬이 원인이니, 어느 선까지는 자연현상이라고 받아들이자.

증상이 나타날 때는 휴식을 취하자. 비교적 규칙적으로 나타나는 증상이니 일정을 미리 조정해서 준비해두고 대처하자. 다만 증상이 심하다면 호르몬 분비에 문제가 있거나, 자궁이나 난소에 이상이 있을지도 모르니 부인과 전문의와 상담해보기 바란다.

잠은 나를
행복하게 해주는 열쇠

　　열여섯 가지의 질문과 그에 대한 진단으로 수면 유형과 아침에 일어나기 힘들어진 원인을 살펴보았다. 내일로 미루지 말고 오늘부터 그 원인을 하나하나 제거해가자. 몇 번이고 말하지만, **인간이 원래 가지고 있는 생체시계를 정상으로 되돌리면 문제는 대부분 해결**된다. 그러기 위해서는 의식적으로 생활습관을 바꾸려고 굳게 결심하는 것이 중요하다.

　　이 책에서도 종종 언급한, 최근 심각하게 늘어난 수면 부족형의 사람들이 특히 그렇다. 실제로 필요한 수면 시간은 그야말로 개인차가 있다. 자신에게 필요한 적정 수면 시간을 충분히 채우지 못하는 상태가 계속되어서 수면 부족이 된 사람들인데, 연이어 야근을 해야 할 때도 있지만 그렇게 하다가 건강을 해쳐서 쉬어야 한다면 오히려 주변에 폐를 끼치게 된다. 무리하게 야근을 강행하기보다는 자신이나 주변 사람들을 위한 방식으로 생활하기로 결심할 필요가 있다. 그리고 한 번쯤 직장의 상사, 동료, 부하 직원과 상의해보기를 권한다.

자는 시간이 아깝다고 생각하는 사람도 마찬가지이다. 업무 때문에 자는 시간이 늦어지는 것이 아니라, 다음날 일어나면 다시 회사에 출근해야 한다는 생각에 전날 밤에 이것저것 여러 가지 자신이 하고 싶은 일을 하는 사람이 있다. 스스로 수면 시간을 쪼개서 취미나 즐거움을 찾으려는 생활을 반복하다 보면 역시 수면 부족 상태에 빠진다. 필요하지 않은 것은 이번 기회에 몇 가지쯤 정리하자.

지금까지 얘기했듯이 스트레스는 수면의 최대 적이다. 마지막으로 내가 활용하는 간단한 스트레스 대처법을 소개하겠다.

나는 가능하면 집으로는 일을 가지고 오지 않는다. 어쩔 수 없

나도 아침에 일찍 일어나고 싶다

이 일을 해야 할 때는 사무실에 나가서 한다. 사실 휴일에는 집에서 일하는 것이 편하지만, 집에서는 절대 일을 하지 않겠다고 스스로 정했기 때문이다. 공과 사를 구분해서 균형을 맞추려 한다.

하지만 생활방식이나 회사 업무에 따라서는 그렇게 하지 못할 때도 있다. 이때도 어떻게든 업무와 수면 공간을 나누는 것이 중요하다. 예를 들면 **침실은 업무와 스트레스가 없는 공간**으로 설정한다. 물리적으로 구분을 짓고 정신적으로도 일과 잠을 구분하도록 의식하는 것이다.

미국이나 유럽처럼 거실이나 침실을 확실히 구분하기 어려운 집도 분명 있을 것이다. 그렇더라도 침실 안으로는 스트레스가 침범하지 못하도록 경계를 두어서 침실만큼은 '신성한 장소'로 만들자. 침실이 따로 없다면 잠자는 곳에서는 밤 12시 이후에 컴퓨터 전원을 끈다거나 조용한 음악을 틀어둔다거나 조명을 낮추어서 특별한 공간으로 만들 수 있다.

어쩐지 편안하게 잠들지 못할 때, 고민거리나 싫은 일들이 머리를 떠나지 않아서 무슨 수를 써도 잠들지 못할 때는 그냥 털고 일어나서 침실 밖으로 나가자. 언제까지고 이불 속에 누워 있는 것은 수면에 전혀 도움이 되지 않는다. '자야지, 자야 하는데……'라며 초조해하면 오히려 눈이 또렷해진다.

일단 침실 밖으로 나가서 느긋하게 다른 일을 해보자. 예를 들면 베란다에서 바깥 풍경을 보아도 좋다. 크게 심호흡을 하거나 스트레칭을 해도 좋고, 마음이 편안해지는 일이 있다면 그 일을 하자. 그러다가 잠기운이 느껴지면 다시 침실로 돌아와서 잠자리에 들면 된다. 행동에 따라 기분은 변한다.

가벼운 독서도 좋다. 하지만 책 내용에 너무 깊게 몰입하면 다시 뇌가 흥분 상태가 되니 그다지 흥미롭지 않은 책을 골라야 한다. 어려운 철학서라면 금세 잠이 오지 않을까?

일이나 공부를 잠과 분리하는 것이 마음이 편안해지는 첫걸음이다.

기분 좋은 아침, 성공하는 인생의 시작이다

이 책에서는 아침을 상쾌하게 맞이하는 기술을 중심으로 서술했지만, 이를 알았다고 해서 끝이 아니다. 어떻게 꾸준히 실천하느냐가 중요하다. 믿는 사람이 구원을 받는다는 말처럼 자기에게 딱 들어맞는 방법이 반드시 있다고 믿고 실천해보자. 하루라도 빨리 그 방법을 발견해서 내일 아침부터 일찍 일어나는 생활을 맞이하겠다는 각오로 노력하자. 아무리 졸려도 정해진 시간에는 일어나고, 한 걸음 문밖으로 나가서 바깥 공기를 쐬고, 햇빛을 온몸으로 만끽하기를 바란다.

앞에서도 말했지만, '아침에 일어나면 많은 것을 얻는다'는 말은 정말로 옳은 말이다. 업무 시작 시간에 아슬아슬하게 사무실에 뛰어들어가며 늦잠을 잤다고 변명하는 사람을 주위에서는 어떻게 생각할까? 업무 시작 십오 분 전에 나와서 책상을 정리한다면 하루를 기분 좋게 시작하고 업무도 순조롭다. 주변에서 바라보는 시선도 달라지고, 스스로 업무에 임하는 태도도 백팔십도 달라진다.

긴 안목으로 보았을 때, 이런 행동이 사람을 바꾸고 인생을 바꾼다. 이를 위해서라도 아침에 느끼는 괴로움을 떨쳐내고 정해진 시간에 상쾌하게 일어나자. 이것이 모든 일의 시작이다.

삼 일만 계속한다면 반드시 여러분의 인생이 좋은 방향으로 변하기 시작할 것이다.

나도 아침에 일찍 일어나고 싶다

초판 1쇄 발행 | 2018년 2월 20일

지은이 | 가지무라 나오후미
옮긴이 | 조은아
펴낸이 | 윤석진
펴낸곳 | 도서출판 작은우주
출판등록일 | 2014년 7월 15일 (제25100-2104-000042호)
전화 | 070-7377-3823
팩스 | 0303-3445-0808
주소 | 경기도 고양시 일산동구 위시티4로 45, 403-1302
이메일 | littlecosmo1@naver.com

● 이 책은 저작권법에 따라 보호받는 저작물이므로 무단전재와 복제를 금합니다.
● 이 책 내용의 전부 또는 일부를 이용하려면 반드시 저작권자와
   도서출판 작은우주의 동의를 받아야 합니다.

ISBN : 979-11-87310-03-7(03320)

북아지트는 작은우주의 성인단행본 브랜드입니다.